小百合医生，每天都要坚强啊！

全彩手绘插图本

小百合　著

阿兹雷尔　插画

湖南文艺出版社

“

老爸、老妈、老姊，

以及正妹老婆，

谢谢你们一直陪伴在我身边，

我爱你们。

”

小百合的脑内小剧场

声明：为保护当事人隐私权益，全书人物的年龄、性别、职业、诊断均经刻意修改。

序 朝田龙太郎的感召

我是小百合。因为个性柔弱清纯，所以绰号小百合。

根据我妈本人口述，我出生那天没有九条金龙盘天，也没有大鹏鸟展翅，更没有天狗食月、妈祖托梦或是天使向牧羊人宣告之类的事件，从头到尾就只有持续不断的阵痛。

我妈羊水破了之后，有一个胖胖的值班医师每隔几小时就来照顾她，有一次，胖医师甚至还带了一颗卤蛋给我妈，隔壁床的产妇见状乱感动一把，还说："哇，这家医院的医师真是贴心，查房还送卤蛋，你真幸运！"

而我妈则冷冷地回了一句："他是我老公，你觉得呢？"

我从小就是个极度胆小怕生的孩子，每次出门时都会紧紧抓住妈妈的手，生怕一不小心就走丢了，就连上厕所也都不愿意放手。我同时也非常怕黑，所以一直不敢关灯自己一个人睡，我妈通常会先哄我睡着，然后再偷溜回自己房间。无奈，我常常在半夜里惊醒，接着鬼哭神号地跑去狂敲爸妈房门，但他们总是不理不睬。

多次折腾后，我那唯恐天下不乱的姊姊还不忘提醒：

“小百合，我劝你关灯后不要跑下床。”

“为什么?”

“因为，鬼都躲在床下！天黑之后，他们会从床下伸出手来抓你的脚，你知不知道?”

那次之后，我就再也没有关灯后下床了。

小学的时候，我功课算是全班倒数。去学校的目的当然只有扯女生头发或是在地上打滚。成绩对我来说乃身外之物，完全不屑一顾。想当然耳，每次发成绩单都会被老师痛扁一顿。

我妈则是个极度理性的新现代女性，她认为打小孩一定要有条理、有原因、有解释，所以她每次扁我之前都会长篇大论一番，确认我知错之后，再取出家法狠 K 一顿。

问题来了，既然知错了，为何还要体罚呢?

“因为你欠揍，用嘴巴劝不听，只好拿棍子劝。”

喔，原来如此。

发考卷那天通常也是惨烈异常。我妈会仔细检查我那满江红的考卷，然后翻出参考书，一一找出正确答案。照惯例，开扁前她还会问：

“为什么一模一样的习题，你会写错？”

“我买了书给你，你为什么不看？”

“你那么聪明，为什么不用功？”

“你知道错了吗？”

当然，答案永远只有一个：“妈，我知道错了，下次我会努力认真读书的，请你原谅我吧！”

可惜的是，这招不是每次都有效，该打的还是会打，该K的还是会K，想逃都逃不掉。有时我会装可怜，有时会据理力争，反正不管认不认错，最后都是换来一顿海扁，我早就看开了。

打得特别凶的一次是某次月考的生活与伦理考卷。那天班导佛心来着，出了一份史上最简单的考卷。不过，依照惯例，我还是不及格……

“老师说全班只有你不及格，为什么？”

“我不知道。太难吧？”

“太难？好，我问你，第五题，请列出从高雄到澎湖的交通方式？”

“飞机和船啊！”

“那你为什么选火车？”

“就写错啊。”

“好，那我再问你，第十一题，食、衣、住、行哪个跟吃有关？”

“食啊！”

“你为什么写‘衣’。你说啊，为什么写衣？！衣服可以吃吗？”

“我又没吃过，我哪知道。”

之后发生了什么事，说实话我记不太清楚。其实，我一直怀疑我患有创伤后压力症候群，简单来说，就是当人受到极大痛苦或伤害时，身体会借由保护机制逃避或是选择性遗忘有关之刺激，使得当事人无法记起事件某重要部分。

我只依稀记得，那天下午，我缩在角落咬了一个小时的衣服。

总而言之，我从小胸无大志，只想当个平凡的上班族。我想做一份普通的工作，住一栋普通的房子，娶一个不美不丑的老婆，生两个小孩。等到孩子大了之后，申请提早退休，然后某天在陪孙子玩耍时心脏病发而死。

我的人生观是：多我一人不多，少我一人不少。如果哪天世界末日，我想，我一定第一个挂掉，绝对逃不到最后，更别说平安幸存了。若是哥斯拉登陆的话，我一定是第一个被踩扁的路人，而不是挺身而出打倒怪兽的勇者。

这样的我，高中毕业后，念了所不好也不坏的大学，也读了自己没啥兴趣的研究所。当时还想着毕业后随便找份公职，就这样过一辈子就好了！

话虽如此，不过人生总是充满了意外，计划永远赶不上变化，夜路走多了则会踩到狗大便。某天下午，我一口气看完了《医龙》全集，也不知道哪根筋不对劲，莫名其妙被朝田龙太郎感召。鼓起勇气，爆肝苦读后，热血地考取了医学系，现在在美国跟一九九〇年生的小弟弟小妹妹们当同学，成为一个老留学生。

所以说，做人不要太铁齿。越不爱念书的人，往往之后念得越多；越想偷懒的人，往往之后活得越辛苦。接下来的故事，是我在医学院实习时碰到的真实例子。有些搞笑，有些温馨，也有些令人鼻酸。

这些故事，让平凡的我，可以与你分享我不平凡的经验。

医师的生命周期

科学家根据长期的观察研究，终于归纳出医师的“生命周期”。科学家相信，这是一个可区分为八个阶段的成长过程，耗时约需十二到十五年。

第一阶段：医学预科生（Pre-med，准备申请医学院的学生）

青年学子因为不小心看了《医龙》《实习医生格蕾》或是《救命病栋 24 小时》等医学戏剧，致使内心也熊熊燃起一股热血，医疗魂爆发，于是毅然决然报考医科。当朋友们每晚在夜店喝酒狂欢、尽情挥洒青春时，医学预科生则是整天闷在图书馆里读书。

穿着：舒适 T 恤、短裤、夹脚拖、厚重书包。
态度：认真！努力！坚韧不拔！
内心独白：“我要考进医学系！”

成长 check point：成绩单全A（偶尔一两个B），一堆莫名其妙的义工证明，一大叠死缠烂打要来的推荐函。

第二阶段：M1／M2 医学生（M1/M2 Medical student）

医学预科生考进“医学院”之后，会成长为“医学生”。医学院通常会带给医学生不少冲击，不仅学费是其它大学的两倍，课程难度更是其它大学的四倍。此外，身边还围绕了一群超级恐怖的天才同学，个个身怀绝技、IQ（Intelligence Quotient，智商）爆表，一不小心就会被KO（kick out，出局）。这个阶段的医学生每天大约读八到十二小时的书，他们的使命是把教科书里的内容一字不差地背下来。

穿着：舒适毛衣（图书馆冷气很强）、长裤、雨伞（不清楚外面天气，所以永远携带雨伞）、枕头（随时趴下来睡觉）。书包里有笔电、解剖手卡、多本砖头书。

态度：在同学面前表现得很认真！

内心独白：“今日事今日毕……不过明年才考国考，下星期再读也不迟！”

成长 check point：第一阶美国执业医师资格考试（USMLE step 1）。医学生在考试前两个月有可能会人间蒸发，跟亲友完全断绝联络。读书期间可能会出现易怒、自残等暴力倾向，考完

试后一切将恢复正常。

第三阶段：M3 医学生／临床见习医学生（M3 Medical student／Clerk）

这个阶段的医学生突然被丢入充满敌意的险恶环境，专家统称此环境为“教学医院”。草食属性的医学生必须在肉食性掠夺者的猛烈攻击中求生存，常见的攻击有“主治医师的 pimping（释义参见 44 面）”、“值班医师的辱骂”和“腹黑同学的陷害”。医学生晚上有可能会坐在墙角哭泣，形成“fetal position”（胎儿蜷缩在子宫中的姿态，见上图）。

在长达一年的见习过程中，医学生会迅速地发展求生技能，帮助自己远离危险。他们会带着方便消化的食物（像是香蕉），穿着短白袍，拿着听诊器，深夜在医院游荡。不过研究指出，“短白袍”在医院非常容易吸引肉食性掠夺者的目光。（注：美国是后医系制度，M3 相当于台湾地区医学系五年级的程度。）

穿着：干净的短白袍（口袋重量约两公斤）、干净衬衫、领带、笔（五支以上）、听诊器（装饰用）、音叉、检眼镜、口袋教科书

态度：担心！惧怕！惊吓！忧郁！偶尔出现幻听！

内心独白：“我真的适合当一个医师吗？”

成长 check point：即使内心相当害怕和忧郁，医学生还是会

努力在其他人面前力求表现，像是非常夸张地对着主治医师的冷笑话大笑，或是主动帮住院医师买咖啡等狗腿行为。有些见习生一有机会还会在众人面前背诵出昨天读的文献，借此加深好印象。

第四阶段：M4 医学生／实习训练（M4 Medical student /Sub-I）

经过一整年的实战洗礼，这个阶段的医学生已经放弃让其他医师对自己留下好印象，他们只有一个目标就是：赶快毕业，快快进入下个阶段。为了准备好来年的实习年（intern year），医学生这时会被要求做许多高难度（？）的工作，像是抽血、写病历、值夜班、拉钩等。由于待在医院的时间过长，有些医学生会出现幻听、幻想、自言自语等症状。

穿着：充满莫名血迹的短白袍、领口黑黑的刷手衣、病历、听诊器（比较会使用了，不过还是常常听不出心音来）、香蕉。

态度：疲惫……神经衰弱……

内心独白："神啊，赶快让我毕业吧！"

成长 check point：第二阶执业医师资格考试（USMLE step 2 CK；USMLE step 2 CS）。为了成功考取医师执照，见习医学生通常会牺牲睡眠 K 书，导致黑眼圈无限加深。

第五阶段：实习医生（Intern）

实习医生是医院最容易被发现的医护人员，他们时时刻刻都在医院值班，每天工时大于二十二个小时，睡眠时间则是少于两小时。实习医生对病人非常亲切，对主治医师非常谦卑，不过对无知的医学生则是异常凶狠，尤其当医学生问了一个蠢问题时，实习医生有可能会失控暴走。

穿着：沾满血迹与咖啡垢与泪水的长白袍、刷手衣（进手术室医生护士准备手术洗刷时穿的衣服。实习医生的刷手衣常写满了学长、学姊的手机号码以便紧急求援）、病历（很多本）、听诊器、香蕉。头发多天未洗，仪容更是……

态度：极度疲惫

内心独白：“ZzzzZzzzZzzz……”

成长 check point：虽然实习医生是医院食物链的最底层生物，不过他们会在实习的最后一天突然进化为“住院医师”，地位也会突飞猛进。截至目前，科学家还无法参透具体的成长条件。

第六阶段：资浅住院医师（Junior resident）

资浅住院医师的工作是负责教导实习医生高等生存技能，并

且引导医学生避免做出过多蠢事。当实习医生或医学生犯错时，资浅住院医师必须收拾善后。由于睡眠时间稍稍拉长到每天五小时，资浅住院医师的精神状态比实习医生稳定许多。最开心的事——带到程度好的实习医生；最痛苦的事——碰到天兵实习医生或天兵见习医学生。

穿着：刷手衣（干净）、长白袍（偶尔穿）、听诊器。

态度：按时摇头叹气。

内心独白：“为什么又是我被骂？明明就不是老子犯的错！”

成长 check point：身为资浅住院医师，他（她）卡在一个“比上不足、比下有余”的尴尬位置。

第七阶段：总住院医师（Chief resident）

这个阶段的医师具有超然的实力，在医院有一定的影响力。总住院医师没有固定类型，有些人亲切和善、有些人自视甚高、也有人暴躁易怒。他们通常靠 Pimping 医学生来取得自我肯定和自我满足，一有机会也会攻击其它专科的医师，借此突显自己的专业。

穿着：刷手衣（长白袍偶尔出现）、手机、听诊器（偶尔配戴，不过大多直接夺取医学生的）。

态度：有着绝对自信。

内心独白：“一切听我的就对了！顺我者生，逆我者亡。”

成长 check point：无固定类型。有些总住院医师会在医师训练结束前几个月提早放假，把查房重任交给其他住院医师（科学家认为这种现象是为了修复前几年的严重睡眠失调）。也有些责任心强的总住院医师会尽忠职守到最后一刻，帮助资浅住院医师训练实习医生和见习医学生，安排值班表，与大家分担工作。

第八阶段：主治医师（Attending）

医师的最终形态，是完美无缺、无懈可击的究极生物。在医院有呼风唤雨的特殊力量，是不可挑战的绝对权威。不过科学家发现，近年来各大医院出现许多医师的天敌，像是“刑事律师”“职业医闹”和“对不起我不是故意打你巴掌我只是因为太过担心妈妈的病情才情绪失控的中年人”。天敌的产生，导致主治医师的数量逐年锐减，有可能在未来几年成为保育类动物。

穿着：干净的长白袍、干净的衬衫、干净的西装裤、干净的鞋。

态度：认真的诊断，沉重的医疗纠纷。

内心独白：“一切责任由我来扛，我不入地狱谁入地狱？”

成长 check point：此形态乃完全体，故无法继续成长。不过在某些状况（医疗纠纷）下可能会促使主治医师提早退休。

别人眼中的我

病人眼中的我

住院医师眼中的我

主治医师眼中的我

小孩眼中的我

开刀房护理师眼中的我

实际上的我

不，
存在的种族歧视

对于许多美国学生来说，“修课顺序”是影响临床成绩的关键之一。临床成绩可分为优良（Honor）、高分通过（High Pass）、及格（Pass）、勉强及格（Low Pass）、死当（Fail）。根据以往经验，每班只有 15%的学生可以拿到 Honor，45%的学生拿 High Pass，30%的学生拿 Pass，5% 为 Low Pass，5%为 Fail。

很多学生会刻意把没兴趣的科排在前面，有兴趣的排后面，这样就可以慢慢累积实力，用不喜欢的科来“练功”。等到撰写临床报告、照顾病人、抽血等技能上手后，再到有兴趣的科会表现比较好，提高拿取“Honor”的机率，而且还可以从其他“先修”的同学那里拿历届试题。

M3 医学生除了要适应临床实习的压力以外，还有“非拿高分不可”的成绩压力。美国医学生毕业后会到各大医院申请担任“住院医师”，医院最看重的就是 M3 的实习成绩。如果 M3 成绩不佳，大科只拿到“Pass”或“Low Pass”，那这辈子大概就跟医学中心无缘了。每个学生都非常清楚这之间的轻重缓急，大家全都以“High Pass”或“Honor”为目标。

这时候，“小组成员”就显得格外重要。

一旦分好小组后，成员就会同组整整一年（不管大小事都在一起），如果跟不喜欢的同学同组的话，将会痛不欲生。想想，如果同组同学有一个是会在背后捅你一刀的卑鄙小人，你真的会崩溃。千万不要跟我说不可能，对于某些学生来说，成绩就是一切，是不择手段都要达到的唯一目标。当然，教授对这情况了如指掌，毕竟他当初也曾经历过，所以他选择了公平的方法：让学生自选小组。

“麦斯，我决定去第四组，你要不要跟我一起？”麦斯是个个子矮矮的黑人，去年上讨论课的时候同组，个性很好，人又幽默风趣，篮球打得也不错，算是少数跟我谈得来的朋友。

“不好意思，我想还是算了……”

“什么？”突如其来的拒绝让我有点受伤，我应该没有做出让他不爽的事情啊。

“不是你想的那样啦，我又没说我不喜欢你。”或许是因为我露出微微受伤的表情，麦斯发现后急着解释，“其实，我跟其他几个非裔和拉丁裔的同学说好了，我们打算同组。”

“等等，你是在搞小圈圈吗？这样算是歧视吧？拜托，现在都什么年代了！”

“这是上届黑人学姊特别交代的。她说要尽量避免跟白人、黄种人同组，尤其不能与漂亮的白人女生同组。”

“太夸张了吧？”

“学姊说她去年被分配到跟两个白人和一个金发妹一组，她不管多么努力都只能拿 Pass 或是 High Pass，可是另外几位每次都拿 Honor 或是 High Pass。”

“说不定他们很优秀啊！”

“这当然也有可能，不过学姊的考试成绩比他们高，报告做得比他们好，病人看得也比他们多，我实在找不出其它解释……”

“好吧，不想跟白人一组我可以理解，但是为什么不想跟黄种人一组？”

“你运气好，是个亚洲人，所以你不明白。”麦斯叹了口气，“你知道吗？大家看到你，都会潜意识地认为你很聪明。可是我呢，身为一个黑人，情况就不是这样了。我要不断逼自己说出一些很有智慧的话，这样大家才会认真看待我，不然往往会直接把我归类为啥都不懂的白痴……”

“麦斯，我向你保证，我从来都没有这么认为。”

“我知道，所以我们是好朋友。小百合对不起，为了维持我们的友谊，我们还是不要同组好了。”麦斯勉为其难地笑了笑，“请不要忘了，不久前黑人还没有投票权呢！你真的认为那些负责评分的老教授完完全全没有歧视吗?”

看着麦斯落寞的身影，我默默在心里对自己承诺，以后不管自己成为什么样的医师，都绝对不能够有种族歧视。

强大的
医学系同学

或许对于许多人来说，医学生是强者的代表、社会的精英和国家未来的栋梁，普遍认为能考上医学系的都不是泛泛之辈。我一开始也这么认为，刚进医学系时十分紧张，深怕自己资质不如人。不过久了之后慢慢发现，医学系的同学跟其它学院的学生差不多，硬要说的话应该是运气好一点、小聪明多一点、比别人努力一点，又或是资源比别人多一点罢了。像我应该就是最明显的例子，明明是个凡人，也没啥特殊经验，可是还是当上了医学生。

话虽如此，两百多位同学里，还是有一位令我印象深刻的同学。

第一次跟艾咪交谈是在二年级的生理学课程上。这堂课的授课范围很广，考题细节又多，如果上课不专心的话，极有可能被当。大家上课都是全神贯注，没有丝毫松懈，每当教授提到重点时，班上同学几乎都会振笔直书，深怕错过了必考题。不过，艾咪就不是这样了，她从头到尾没有做任何笔记，只是静静地听着课。

“你不用抄笔记吗？”我从来没遇过上课时不写笔记的同学，有点好奇。

“不用啊！为什么一定要写笔记呢？”

“因为怕忘记重点啊？”

“可是如果真的那么重要的话，应该不会忘记吧？”

“这个嘛，我想应该是我们的大脑构造不一样吧……”

后来辗转得知，艾咪是近年来少数拿全额奖学金入学的高材生。

* * *

“下星期的PE（Physical Exam，理学检查）想跟我同组吗？”某天下课，艾咪兴冲冲地跑来找我。

“好啊！不过你是女生，会不会不太方便？”

理学检查是医学生进入临床训练前的必修课程，内容包括胸腔检查、腹部检查、神经学检查，以及触诊和听心音等各种训练。一般而言，男生会选男生一组，女生会选女生一组，这样做检查时才不会尴尬，也不用顾虑太多，不然每次脱上衣做胸腔检查时都会觉得怪怪的。

没想到艾咪听到后看着我微笑："我才不会在意这种小事情呢！我都已经当妈了。"

"你不在意就好……等等，你刚刚说什么？"

"我说我不会在意啊！"

"不是，我是说后面那句？"

"我已经当妈了。"

"你刚刚说你已经当妈了？！"

"是啊，我女儿都三岁了。"

"女儿？三岁？真的假的！"

"骗你干嘛，我还有一个小的现在在肚子里面，五个多月了喔！"

"五个月了！天啊，我完全没发现。"

"我说你，"艾咪的眼睛眯了起来，"……你该不会以为我只是胖吧！"

"为什么选这个时间点怀孕呢？"我忍不住问了艾咪。毕竟照顾一个小孩已经很辛苦了，现在又生第二个，同时还要应付繁忙的课业，这样不怕忙不过来吗？

“我已经快四十岁了，现在不生以后大概就没机会了。人生又不是只有读书而已，我总不能因为读书就放弃其它计划吧？”

我紧接着问：“那你为什么想读医学系？”

“这个啊，大概是不满意之前的工作吧！”

“待遇不好吗？”

“我的第一份工作是在华尔街，年薪三十多万美金。”

“那有什么不满意的！”

“这个嘛……”艾咪叹了一口气，“大概是失去了人生目标吧。其实，一开始对那工作还挺满意的，每天朝九晚五又不用加班，工作内容简单又没压力。不过工作一段时间后，开始产生倦怠感，总觉得自己的工作就只是谈钱，仿佛人生除了钱以外就没其它的了。”

“嗯……”

“我无法接受这种价值观，而且我觉得自己可以做些更有意义的事情，而不是每天掏空心思帮有钱人赚取更多的钱。于是我决定辞职，花了两年去大学拿课补学分，之后再花半年准备MCAT（医科入学考），后来考了满分，学校就收我了！”

“你满意目前的生活吗？”

“还不错！”艾咪朝我眨了眨眼。

“艾咪，你念书时有什么秘诀？”开学时，学长曾跟我们提过“3S 定律”——Study（读书）、Sleep（睡眠）、Social（社交），不管你多么优秀，三个 S 里面只能做好两个。不过这个定律好像不适用于艾咪，因为我发现她的三个 S 都做得很好。

“为什么这么问?”

“我每天念书念得要死要活，放假都留在家里 K 书，昨天又睡不到四个小时……可是你……”我用手指着她的肚子，“肚子里面有一个小的，家里有一个小的，考试还可以 all pass，到底是怎么办到的?”

“也没什么特别的，就只是平常抓紧时间读书罢了。”

我想，资质的差异是很残酷的。

* * *

随着学期慢慢接近尾声，艾咪的肚子也明显大了起来，孕吐变得越来越严重，而且胎儿挤压到膀胱，她每堂课几乎都要跑两三次厕所。看她这样辛苦地上课，就算她不觉得累，我在旁边看着都觉得担心。

“小姐，我拜托你请个产假吧!”

“才不要呢，我可不想明年回来补课。”

“预产期是什么时候?”

“下星期二。”

“下星期二? 那下星期五的期末考怎么办?”

“还能怎么办，生完回来考啊！”

“没必要这么拼吧，学校一定会让你放产假的啊！”

“我知道，可是我不想浪费时间。书还是得照念，考试还是得照考，你说是吧？”

“至少可以让你延后几天再考吧？”

“教授跟我提过，不过我拒绝了，我不想用怀孕来当作延后考试的借口。”

“没必要这么好强吧？该休息的时候就应该好好休息才对啊。”

“呵呵，我不认为这是好强。这是一种态度。”

“你疯了。”我无奈地下了这个结论。

* * *

后来果然就照着她的计划，在预定时间内生产，生完小孩的隔天回学校上课，星期五准时参加期末考。班上同学看到她出现在考场时全都惊呆了，助教也吓得说不出话来，教授则表示从未见过这么夸张的学生。就这样，艾咪在生产完的两天后，跟我们一起考完了长达六个小时的期末考。

* * *

“It´s never too late to start a dream. Life is too short, you have to pursue what you love!”

考完试的隔天，我跟其他同学去探望艾咪。

她躺在床上，左手抱着小婴儿，右手拿着 ipad，口中正在背诵一大串药名。我知道她很厉害，可是我没想到她连这时候也不愿意好好休息。

“艾咪，”我认真地说，“像你这样的人我真没遇过，如果我以后出书的话，一定会把你的故事写进书里。”

“好啊！好啊！”艾咪露出微笑，“记得跟你的读者说，追梦没有时间长短的问题，有理想就要去努力实现。人生苦短，一定要认真把握每一刻喔！”

早逝的天才

我是一个普通人。不是天才，也没办法过目不忘，能考进医科主要是靠着小聪明和苦读，不过我周遭却围绕着顶尖的学生，其中一位令我印象非常深刻，那个人就是乔治。乔治是哈佛大学毕业的高材生，凭着优异的成绩申请上多间常春藤医学院，最后选择了我们学校，并且拿到全额奖学金。

大一的时候，乔治跟我 PBL（Problem Based Learning，问题导向学习）同组，所以我们几乎天天见面。PBL 是美国的热门教学方式，教授把学生分成许多小组，一组通常五到六人，会给每组一个案例和许多刁钻的题目，而小组组员要经由共同讨论后一起解答，再派一名代表向教授报告。

我们学校规定上 PBL 时不能查资料，也不能上网，只能根据记忆答题。这时候就要看小组之中有没有“无所不知”的强者了，而乔治就是那名强者。运气好时，我可以答对一两题，不过大多时间全无头绪，其他组员跟我半斤八两，偶尔可以给点意见，可是没办法回答全部的题目。相较之下，乔治的等级跟我们完全不一样，几乎没有他不会的题目。

小组讨论时，乔治通常不会发言，可是他会认真地听我们讨论。如果大家讨论出正确答案的话，他会点点头，表示同意；如果讨论不出答案的话，乔治则会直接解答。

我曾经私下问他为什么不跟我们一起进行讨论，乔治只是耸耸肩，露出微笑说："我不想剥夺你们学习的机会。"这句话听起来虽然令人火大，可是乔治就是这种天才。当你遇到真正的天才时，你是不会嫉妒的，而会打心底佩服。

除了 PBL 之外，乔治去年也跟我在同一间医院实习。闲聊中得知他毕业后想去医疗资源缺乏的地区行医，虽然这句话听起来很假惺惺、很狗血、很唬烂①，可是，我知道他是真心想这么做的。能跟像乔治这样有心的天才同班，我感到非常荣幸。

乔治在二十一岁娶了美娇娘，二十二岁从哈佛毕业，二十三岁考进顶尖医学系。他没有学贷，没有生活压力，有着满满的理

① 唬烂，闽南语，意为"说假话，说大话"。

想和抱负，和一颗 IQ180 的头脑。他的人生一帆风顺，听起来就像是大家口中的“人生胜利组”，未来应该会是个推动医疗改革的大人物吧！

然而，人生总是充满了变量。

去年暑假，我收到乔治意外身亡的死讯。乔治的离开带给我极大震撼，也让我们这群菜鸟医学生提前面对“死亡”这个沉重的课题。尽管 PBL 小组缺了一个人，可是我们不希望补进其他组员，毕竟没有人可以取代乔治，也没有人像他如此优秀。

谨以这篇文章追念这位英年早逝的天才。

想学医的你，愿意努力多少？

最近医院来了一群学生，每个人都穿着干净的白袍、整齐的衬衫，看起来非常年轻。询问之下原来是传说中的“医学预科生”，而且几乎都是资优生，他们趁暑假来医院见习，想借此了解医院的生态。

忙碌的早晨突然多了一大群年轻学生，主治医师看起来有点困扰，简单介绍之后就把他们塞给我和学长接待了。

学长:“大家好，我是詹姆，他是小百合，我是这里的住院医师，今天早上就由我来向你们介绍医院。”

学生热烈点头，露出迫不及待的表情。

学长：“呃……首先要注意的是不要大声喧哗。”

原本在后面聊天的学生听到后立刻安静下来。

学长:“然后要勤洗手。医院非常注意院内感染的问题，这里的病人很多抵抗力不好，稍有不慎就有可能造成严重后果。”他停顿了一下，“还有要注意不要挡路。医护人员非常忙碌，请大家避免影响到他们工作。”

说完，我们就领着一票学生（很像母鸡带小鸡）去医院巡房（Round）。巡房是医师每天必做的事情之一，主要是观察住院病人的复原状态，以及回答病人、家属的问题。巡房所需的时间不一定，有时候只要半个小时，有时候则需三个小时，完全取决于病人数量和病情的复杂度。

可能是医学的专有名词太多，许多学生在巡房时露出“有听没有懂的表情”，有些甚至偷偷滑起手机，学长见状后马上暗示我带学生离开。

学长：“嗯，今天就到这里，请问大家还有什么问题？”

一个白人女生立刻举手：“请问《实习医生格蕾》和《怪医豪斯》哪个比较贴近医院生活？”

学长：“呃，这问题有点另类，两个都不太像。”

白人女生：“那你有没有喜欢看的医学剧？”

学长：“以前有看，现在没有，因为会忍不住想吐槽。下一题！”

白人女生：“那你以前是看什么剧？”

学长：“《急诊室的春天》。好了，大家可以不要再问关于电视剧的问题了吗？”

另一个人举手："你现在在医院实习，每天都在医院待几个小时？"

学长："我现在在内科，每天六点整到医院，大概晚上九点回家。吃饭、洗澡后读一到两个小时的书就得睡了。"

这时每个人都露出惊讶的表情。

"哇，上班时间这么久，回家还要读书？""我以为当医师就不用读书了耶。""你现在还有考试吗？""考试有很难吗？"

学长："等等，你们该不会以为只要能考上医学系，之后不管怎样都可以当医师吧？"

许多人点头。

学长突然看着之前发问的白人女生，问道："你以后想当什么医师？"

白人女生："骨科医师。我想当 HSS（Hospital for Special Surgery，美国排名第一的骨科医院）的医师，以后当 HSS 的院长。"

学长："嗯，很棒的目标。可以告诉我为什么吗？"

白人女生："因为我觉得骨科很酷，把骨头敲碎又补起来很好玩。不过，骨科的女生比较少，我很担心会被歧视。"

学长："我觉得你不用担心性别歧视的问题。其实女生申请外科是很吃香的，毕竟女生走外科的比较少，所以相对来说比较容易让人印象深刻。”

白人女生：“那我就放心了！”

学长：“不过我想跟你说明一下骨科的申请、训练过程，好吗？”

白人女生：“好啊！”

学长：“首先你要先考进医学系，最好是美国医学系，因为骨科是热门的专科，很多医院只开放给美国毕业生申请。”

白人女生：“这没问题，我本来就只打算申请美国医学系。”

学长：“考进医科后，前两年你要好好读书，最好可以考进全班前 10%。M1 暑假建议去找教授做研究，充实自己的履历。”

白人女生：“M1 课业很重吗？”

学长：“大概是你现在课程的三倍重。”

她的笑容顿时凝结了：“M2 呢？”

学长：“大概是 M1 的两倍重。”

白人女生：“M2 有暑假吧？做完研究后，M2 就可以放假了对不对？”

学长：“不对，M2 暑假你要考 USMLE step 1。这个考试是医学生一生中最重要的考试，因为申请专科主要是看 step 1 的成绩。如果想读骨科的话，至少要考进前 15%才有机会。”

白人女生：“前 15%很难吗？”

学长：“在所有美国医学生中，你要考到前 15%，你说难不难？”

白人女生："……step 1 考完后，还有其它国考吗?"

学长："还有 step 2，step 2 分两个阶段：笔试、临床技能测验。"

白人女生："怎么那么多考试啊！考完 step 2 就结束了吧?"

学长："还有 step 3，考过 step 3 才可以拿到医师执照。"

白人女生："那我考过 step 3 就不用再考试了吧?"

学长："你还要考骨科专科执照，骨科执照考难度远远高于 USMLE step 1、2、3 许多。我朋友考专科执照时，吐了整整一个星期。"

白人女生："Oh My God……骨科训练要几年?"

学长："五年，不过大多数医师还会再多念个一到两年次专科。"

白人女生："……那等我考到骨科专科执照后，我就再也不用考试了吧?"

学长："除了平时要补进修学分以外，你每十年还要重考执照考。"

白人女生："天啊……考试未免也太多了。"

学长："考试是最基本的，如果怕考试的话，我觉得你读医学系会非常辛苦。"

白人女生："……"

学长："刚刚忘了说，HSS 是美国排名第一的骨科医院。我刚刚说的只是限于一般医院的条件，如果想考进 HSS，step 1 考前15%可能不够，毕竟大家都想去HSS。”

白人女生：“……”

学长：“还有，骨科住院医师的工作时间长。五年的专科训练你要做好每天只能睡四到五小时的心理准备。”

话一说完，我发现白人女生的脸色惨白，其他学生则是露出一副吓坏了的表情。

学长：“那么，今天就到此结束。如果各位对当医师还有兴趣的话，欢迎你们下周再来见习。”

*　*　*

学生离开后，我忍不住问学长：“你有必要这样吓他们吗?”

学长：“因为他们完全搞不清楚状况啊，我只是想让他们认清事实。”

小百合：“我看下星期应该不会有人来了……”

学长：“或许吧，不过这样下周还来的人应该都有所觉悟了，我的时间很宝贵，可不想浪费在没有勇气的半吊子身上。”

身为医师，无知就是一种错，
因为没有医术，哪来医德？

实习医生的尿液

实习第一天

无明显异常

晨会报告前夕

急性爆肝

晨会报告当天

精神性频尿

值班 24 小时

浓度破表

值班 36 小时

血浓于尿

实习结束

蛋白泡泡

Pimping 是个很恐怖的东西

“Pimping”，对美国医学生来说，不是大家所想的“拉皮条”，而是医院常见的“教学方法”，说穿了就是教授以各种刁钻繁复的问题来纠缠、困扰实习医生或医学生。

举例来说，假如今天医院收了一个胸痛的病人，教授看诊时极有可能会开始“pimp”身边的医学生。

教授：“告诉我胸痛的鉴别诊断（differential diagnosis）！”

学生：“呃，急性冠状动脉症候群、肺动脉栓塞、肺炎、胃食道逆流。”

教授：“还有呢？”

学生（汗）：“呃……肋软骨炎……肺结核……恐慌症。”

教授：“你要如何区别？”

学生（汗）：“呃……可以照张 X 光片……心电图……心肌肌钙蛋白……心脏理学检查……呃……”

教授：“天啊！我不敢相信你竟然漏掉心囊炎，你难道没有听到她呼吸时的摩擦音吗？这病人明显患有红斑性狼疮好吗？她的典型蝶形皮疹和口腔溃疡，你难道没看见？我真替你感到悲哀！”

学生：“……”（在角落形成 fetal position）

“Pimping”讲好听是训练医学生独立思考的能力，帮助他们未来面对困难疾病时，可以理性思考找出解答；讲难听点其实就是打击医学生信心，让学生明白自己有多么脑残、多么无知，借此让病人赞叹主治医师有多么强大、多么威猛。最讨厌的是，不管你多么努力，多么认真，你永远不可能答对所有问题，因为教授会一直不断地问下去，直到你露出挫败的表情才会收手，然后丢下一句：“我看你最好多念两本书，今天晚上查查资料，明天巡房时给我做个口头报告。”

Pimping 是无所不在的，在任何地方都有可能会被 pimp。在手术房的时候会被 pimp 解剖学、在晨会时会被 pimp X 光片判读、在巡房时有可能会被 pimp 理学检查，甚至有时教授明明在 pimp 其他人，最后也会莫名其妙 pimp 到自己，想躲都躲不掉。

对医学生来说，pimping 是个很恐怖的东西。说真的，我们每天战战兢兢在医院里讨生活，说穿了就是想延迟变成 fetal position 的时间。下次如果你在医院看到教授正毫不留情地 pimp 学生，请给哭泣的医学生一个鼓励的微笑吧！

如何避免被教授点到？

眼神闪避

躲在背后

背景融合

装傻

嫁祸学弟

大哭逃避

尿遁

死角之术

Fetal position

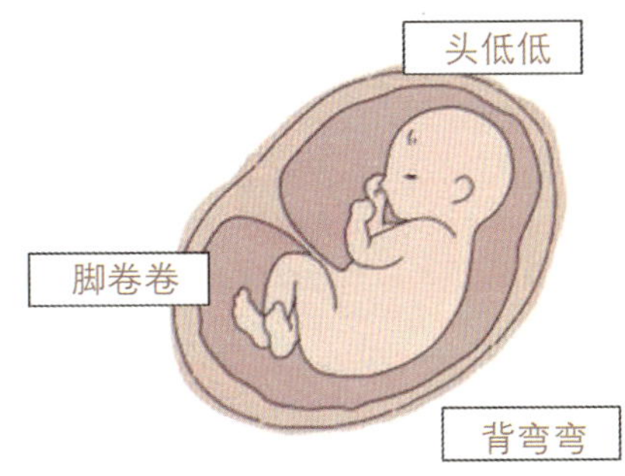

——是成长的必要过程

（抖）

外面好暖和啊……

可是为什么我觉得好冷……

考试什么的，都是浮云啊……

哈哈……
哈哈……

让我保有最后一点点残留的自尊吧……

哇……啊……

遇上毒舌医师

癌症肿瘤科是我们医院比较忙碌的一科，专门负责各种与癌症有关的治疗。因为病人有点多，医院还特地把人力分成三个小组(其它科只有一到两个小组)。

每个小组成员由一名住院医师、一名医师助手、一名专科护理师以及一名医学生组成(你没看错，医学生也是小组成员)。这些医疗小组每三天要值一次长班，每两天值一次短班。值班时收的病人没有上限，秉持“来一个收一个，来两个收一双”的原则。

小组负责人是癌症治疗的专科医师，除了教导医学生如何写医嘱以外，同时也得确保良好的医疗质量，这是一份极具困难度的工作，有本事坐这位子的人屈指可数。

比特医师就是其中之一。

“住院医师都给我站起来自我介绍!”某天，一位凶巴巴的老先生走进诊间。学长学姊立刻起立轮番报上自己的名字，等到学长学姊做完自我介绍后，我才意识到自己还没开口。正当我准备起身时，老先生的目光停留在我身上。

“你是谁?”

“我是这个月刚来实习的医学生。”

“刚刚为什么不说话?”

“我……没发现大家已经做完自我介绍了。”

“……你之前的指导教授是谁?”

“黑尔教授。”

“黑尔教授啊……他对学生很好对不对?”

“是啊，他非常亲切!”

“是吗? 那我要告诉你一件很不幸的事。”

“什么事?”

“我是负责你的医师，我叫比特，未来一个月的时间，你归我管!”

“这样为什么是不幸呢?”

“因为从现在开始，你的好日子已经结束了。”

“啊?”

“我会把你电到连你妈都认不出你是谁。”

我就这样在莫名其妙的情况下，被比特医师盯上了……

比特医师他说到做到，从那天开始他比照一日三餐一样电我，我被搞得头昏脑涨，简直是欲哭无泪。每当我露出茫然不解的表情时，比特医师就会敲着桌子，用嘲弄的语气说："What an idiot!（真是个白痴！）"

每天都会被骂好几次，一开始有点难以接受，不过后来也就慢慢习惯了，毕竟我是菜鸟，本来就有很多不懂的地方。此外，受到比特医师"关爱"的不止我一个，资深的住院医师一样也逃不过。

某天看完诊，比特医师把学长叫到一旁。

"你在搞什么？现在都几点了，医嘱怎么还没写完？"

"我刚刚在抽 CSF（脑脊髓液），等一下要收新病人，晚上七点前会完成。"

"你现在就给我写好！"

"可是我现在要看病人……"

"我命令你现在先写医嘱，你听不懂吗？"

"……好吧！"

"怎么了？有哪里不满的？"

"我只是在想……如果写医嘱的时候有病人需要急救怎么办？"

"放心，要救人绝对轮不到你。"比特医师接着说出了他的这句名言，"What an idiot!"

本来以为他只是对医师严格，没想到对病人也采用相同的态度。

“你这种病来医院只是浪费时间！”“我们没有治疗你的技术，你另请高明吧！”“我还有其他病人要看，你有问题去跟护理师说！”“你既然喜欢采用自然疗法，那你现在来这间医院是什么意思？”

这种鲜明的个性跟有话直说的态度，跟我心目中的“模范医师”差距颇大。我有点不明白，他究竟是为什么想当医师。

某天，比特医师在晨会结束时突然开口：

“昨天院长把我叫去他的办公室谈谈，他说最近有很多人投诉我，好像对我颇有微词……”在场所有人都面面相觑，没有人敢接话。“我就直说了……我认为我小组的成员都是白痴！”

“……”

“院长希望我以后不要再用‘白痴’这种攻击性的字眼来称呼你们，即使我心里真的这么认为。”

“……”

“不过院长也同意‘这间医院的医学生和住院医师都是白痴’这句话。”

“……”

“然后我们就都大笑了几声。”

“……”

“投诉我的那位仁兄，请你记住，根本没有必要浪费时间跟院长打小报告，他是我学弟，不敢动我的。”

* * *

“实在是太过分了!!!”我一回值班室忍不住抱怨，“怎么会有这种医师!”

“听说有病人也投诉他了……”学长加入讨论。

“这种没品又没德的医师，为什么会在我们医院啊?”

“谁知道，上头不肯炒他鱿鱼……”

“为什么？因为他医术好吗?”

“应该吧!”

“我不知道是谁投诉他的，可是我很确定，打死我也不想成为他的病人。”

“嗯!”学长点头大表同意。

* * *

值夜班的时候，我通常会在晚上十一点左右探视病人。这是我的习惯，希望在休息前跟病人说声晚安。走进诊间时，意外看到比特医师。

“……我知道你们很彷徨，可是你爸爸的病已经超过了我们的能力范围。”

“医师，我知道他不会好了……”

“那你为什么不愿意让他转去安宁病房？”

“我想让他多活几天……”

“你这样只是让他承受更多无效医疗而已。”

“这是我爸爸的愿望，他的孙子再两个月就要出生了，如果他现在转去安宁病房的话，万一有什么情况，那里是不能急救的，对不对？”

“……我明白了，好吧，我会尽力帮忙。”比特医师起身准备离去。

“医师，”家属也站了起来，“谢谢你愿意每天晚上都来看我爸爸。”

* * *

“每天……晚上？……”学长露出不可思议的表情。

“嗯，病人家属是这么说的。”

“主治医师通常不会在医院待那么长的时间。”

“喔……”

“所以说，病人希望能活到孙子出生的那一天？”

“听起来是这样。”

“然后比特医师答应了？”

“好像是……”

“这满少见的……遇到这种状况，除了会让医院损失大量金钱以外，如果处理不当，还有可能会吃上官司。”

* * *

从那天晚上之后，我对比特医师开始有了不同的看法，我慢慢发现，他总是第一个到医院，然后是最后一个离开的医师；他每天至少会巡三次房，并且仔细检查学长学姊开的每一份医嘱；要求学长早点写完 Note，也只是为了方便病人早日出院。病人提出的要求，他会仔细聆听，如果碰到合情合理的特殊要求，他往往愿意做出适切的应对；如果碰到不讲理的病人，他一步也不会退让。仔细想想，比特医师除了对医学生有点严格以外，他对病人付出的心力与时间是无人能及的。

一个多月后，我收到了比特医师的评语，读完后我感到十分惭愧。

“我很开心能成为小百合的指导教授，我认为他是少见的杰出人才。他在晨会做的报告简明又有条理，他对复杂的病史表现出过人的理解力。当我问他问题时，他回答得十分有自信也十分正确。我写医嘱时，往往会参考他写的，因为我知道这份记录是详实正确的。晚上巡房时，我常常会看到他在病人身旁，仔细回答病人的问题或是陪伴病人。我不大会称赞学生，可是我必须说他令我印象深刻。假以时日，我相信他会成为一名杰出的医师。我要给予他最高评价，也祝福他未来成为一名仁心仁术的好医师。”

原来，我遇到了一位好医师。

各科听诊器

一般内科

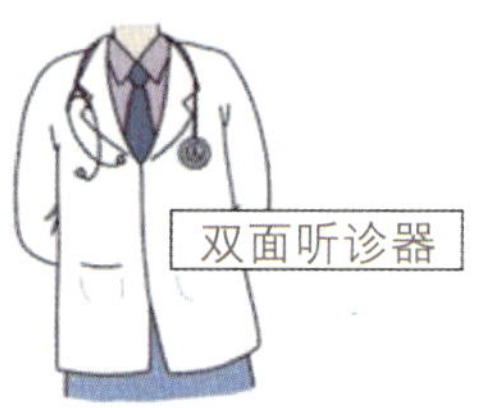

心脏内科

急诊科

小儿科

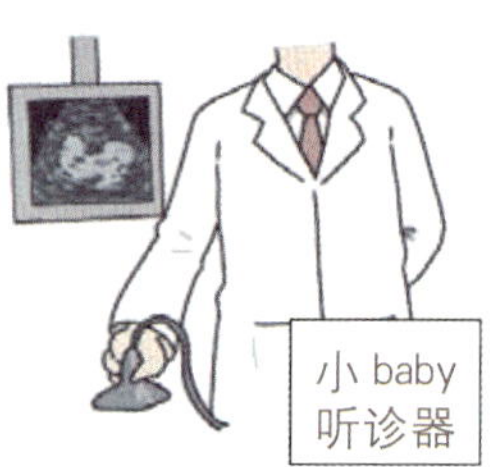

妇产科

护理科

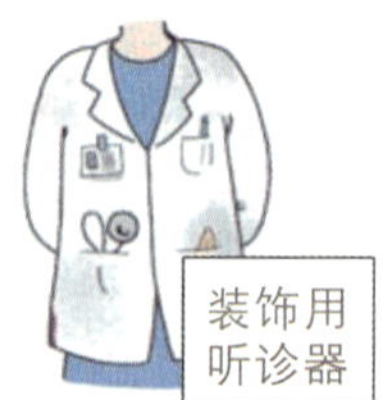

医学生

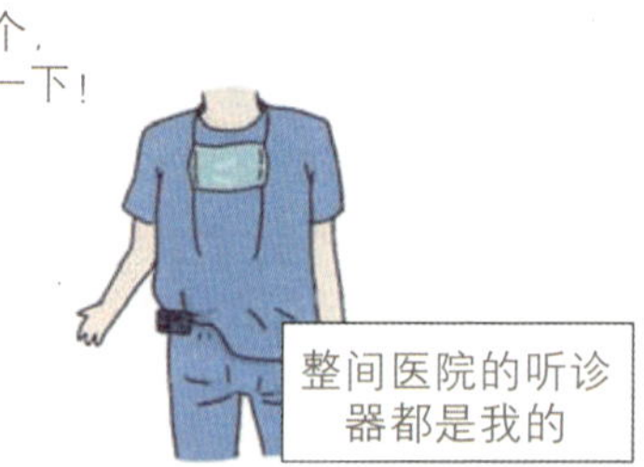

外科

格斗式抽血

来医院做检查最怕什么?

我想，大多数人的答案都会是“抽血”吧！病人最怕碰到经验不足的医护人员，针头来来回回戳个七八次，结果整条手臂淤青，看起来就像被家暴。反观，医护人员抽血时最怕碰到动来动去的失控病人。

我跟提姆是刚进医院见习的菜鸟，每天的工作基本上就是帮住院医师学长(resident doctor)处理杂事，任何跟病人有关的琐事，学长都会派我们去处理。反正菜鸟的时间最多，我们不做谁做呢?

某个星期六，我跟提姆在医院值班。

学长:“你们抽过血了没?”

小百合:“报告学长，还没有!”

学长：“好，你跟提姆去一〇一病房帮病人抽血。”

小百合：“谢谢学长！”

一想到终于可以为病人抽血就有点小兴奋，心想“今天应该是成为医师的第一步吧！”回头一看，这才发现提姆表情凝重。

小百合：“怎么啦？你不想做啊？”

提姆：“……我知道一〇一房是谁。”

小百合：“谁？”

提姆：“……一个暂时性精神错乱（delirium）的病人。”

小百合：“喔……这样是好是坏？”

提姆：“他有暴力倾向，据说已经打伤了好几个人。刚刚护理站打电话来说不愿意帮他抽血……”

小百合：“不能把他绑起来吗？”

提姆：“学长说最好不要，因为有些病人会因为过度挣扎而受伤。”

小百合：“等等，这听起来是高难度 case 耶，连护理师都没辙，我们怎么可能会有办法？不行，还是请学长自己来好了。”看到提姆忧心忡忡的眼神，我也跟着紧张了起来。

提姆：“今天是星期六，学长一个人要负责多达二十床的病人，你觉得他会有空吗？”

一开房门，就看到一个年约五十岁的中年人躺在床上。

小百合："你好，我是小百合，他是提姆，我们要为你抽血做些检查。"

病人发出一些怪声，双手开始朝空中挥动。我注意到他的二头肌异常发达，身材壮硕结实，如果跟他比腕力的话，绝对会被秒杀。

小百合（小声）："提姆，我可能抓不住他耶，等下我们要抽几管血？"

提姆（小声）："五管……"

小百合（小声）："……你技术比较好，我抓住他右手，你来下针。"

提姆（小声）："不行，你那么瘦，等下一定抓不住他的，我来固定他右手，你来下针。"

小百合（小声）："好吧，小心他的左勾拳，被挥到就惨了。"

提姆（小声）："我知道，还有，你若扎到我，等下我一定会杀了你。"

在脑海里简单排演几次后，我们深呼吸一口气，开始行动！

小百合："先生，我们要开始抽血了喔，请你放轻松，不要乱动。"

病人："呼噜呼噜……喔呜呜呜……"（表情呆滞）

提姆这时一个箭步冲上前，左手握住了病人的右手臂，右手握住病人手心，身体呈现一个"尺"字的形状固定病人。我则开始迅速用酒精消毒，拍弹病人的右手背，努力寻找细小的血管。病人则是不断吼叫，左手一直拍打着提姆跟我的身体。

小百合："马上就好了喔，You are doing great！加油！"

提姆（惊险躲过一记勾拳）："小百合你快一点啦！我快不行了……"

好不容易找到血管之后，我赶紧下针，这时病人开始激烈反抗。我也不知道为什么，他这时开始用左手拉扯着提姆的裤子。

提姆："小百合你你你还没好吗！他……他……他在脱我裤子耶！！！"

面对病人突如其来的举动，我其实无暇分心，也没心思理会提姆的裤子。当下只是想守住那条纤细的血管，导出五管血液。

没过多久，提姆又叫了起来："小百合快一点啦！我内裤快被扒下来啦！"

好，抽好两管了，还剩三管。我专注地按着针头，完全无视提姆的凄厉哭喊。

小百合："先生，请保持冷静，我们是来帮你的喔。"

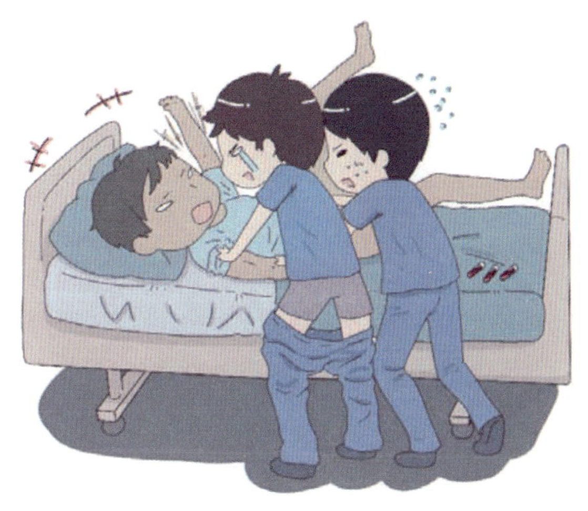

好不容易抽到只剩下一管了，但这时却发现，尴尬了！针头移位，血流不出来，这样下去可能要再扎一针。正当我努力调整针头位置时，提姆再度叫了出来！

提姆（惊恐）：“小百合，他……他……他在脱自己内裤啦!!!”

其实我到现在还是不明白，为什么他会想脱自己内裤，不过本来就不能以常理判断暂时性精神错乱患者。所以，我决定继续无视提姆，也不理会病人的暴露倾向，继续找血管。就这样持续了几分钟（感觉像是经过了好几个小时），我终于抽完五管血液，而提姆此时也差不多全裸了。

帮病人止血包扎（还有穿回裤子）后，我们长长地呼了一口气，像是泄了气的气球，瘫倒在一旁。病人则是回到先前的状态——发出怪声、双眼呆滞、双手朝空中摆动。

小百合（苦笑）：“提姆你看，他在跟我们挥手拜拜耶！”

提姆（眼神已死）：“他是在跟我的贞操说拜拜吧……”

小百合：“你觉得他清醒后会记得这件事吗？”

提姆：“我不知道，但是我可以告诉你，我会努力忘记今天的事。”

我被针扎了

“针扎”是医护人员最常见的意外之一。多项研究证明，针扎是导致医疗人员感染血液传染疾病的主要途径。因此，医学生必须学习“针扎预防”这堂必修课，其中包含如何安全移除针头、正确的打针以及正确的抽血等。

不过，无论多么小心，医护人员每年每人的针扎次数平均为1.2～2.8次，其中污染性针扎为0.7～0.9次。经由血液传染的疾病有很多种，最为大众所知的有HIV病毒、C型肝炎、B型肝炎等，这些疾病大都非常棘手，一旦感染就有可能终生带原。

* * *

“林斯先生，今天早上由我为你抽血。”早上六点半，我照惯例走进病房抽血，每天早上来医院的第一件事就是把血抽好送去化验，这样主治医师来的时候就能看到化验数据了。

“又要抽啊……”林斯先生小小抱怨了一下。

林斯先生是一名“药物依赖者”，手臂上有着大大小小的疤痕，看起来像是反复注射针头所留下的痕迹。他从十三岁开始吸毒，十五岁接触海洛因，十六岁开始注射安非他命，基本上，他的人生跟“毒”完全脱不了关系。他同时也是艾滋病和C型肝炎带原者，推测是注射毒品时用了不洁的针头造成交叉感染。

“是啊，这样我们才能确切掌握你身体的复原状况，请忍耐一下！”

林斯先生的血管非常难找，手臂上的血管经过多次注射后变得细薄脆弱，不仔细找根本看不出来。有时就算找到了血管，也抽不出血，简单的抽血对他来说是个大工程。

“好像找到了，等等喔，OK，不要动！”经过多次尝试后，我好不容易看到针头回血，努力从他手臂抽出两管血液。

正当我准备用纱布替林斯先生止血时，针头突然无预警地滑了出来，擦到我的右手食指。

“请你用手按住纱布十分钟，谢谢你的配合。”确定林斯先生一切正常后，我把针头丢弃，向林斯先生道别，走出诊间后才脱下手套，在灯光下检查伤口。

食指有个约一毫米的小孔，正慢慢地渗出小血珠。我用力挤着伤口，试图让更多血液流出，然后用大量肥皂和清水清洗伤口，脑海中同时浮现教授的上课内容……

“B 型肝炎针扎感染率为 5%～40%，C 型肝炎针扎感染率为 3%～10%，HIV 病毒针扎感染率为 0.2%～0.5%……”

* * *

“你小时候有打过 B 肝疫苗，对吧？不过保险起见，我现在还是得替你抽血，做个详细检查。”问诊的是一名感染科学长，他的声音低沉带有磁性，稍稍安定了我不安的心情。

“好。”

“我已经联络林斯先生了，他答应让我们多抽几管血，我们会测量他体内的 HIV 还有 C 肝病毒量，报告出来后我再通知你。”

“谢谢学长。”想到林斯先生愿意为我多挨几针抽血，我不禁感到有点抱歉，也有点感动。

“你这算是高危险性感染，毕竟病人有 HIV 还有 C 肝病史，我想跟你讨论一下治疗方案……”

“……学长请说。”

“C 型肝炎目前没有特别有效的 PEP（Post-Exposure Prophylaxis，暴露后预防）……最好的做法是保持追踪……每三个月来这里抽一次血……”

“只有抽血？”

“嗯，如果一年后你身上都没验出 C 肝病毒的话，应该就没事了。”

“如果有验出病毒呢？”

“那就只好接受长期 C 肝治疗，到时我会把你转给专科处理。”

“知道了，那 HIV 呢？”

“HIV 有 PEP 药物治疗，可是这些药对肝、肾的负担较大，也有些不确定的副作用。开始治疗后，你每两个星期、一个月、三个月、六个月要回诊检查肝功能和肾功能。”

“请问要量 HIV viral load（病毒载量）吗？”

“我今天会帮你量，然后你第一个月、第三个月还有第六个月要回诊，如果半年后还没有测量到 HIV 病毒的话，应该就没问题了。”

“PEP 有效吗？”

“文献上说可以降低 80%的感染机率。除了影响肝功能和肾功能以外，还可能会有其它严重的副作用，不过目前我们对这些药物的理解不深，很难保证一定不会有副作用。”

“什么时候要开始吃药?”

“六小时内，建议越早越好。”

* * *

“老爸，我被针扎了。”回家后我拨了通长途电话给老爸，老爸在台湾当医师，常常适时给我医疗上的建议。

“怎么发生的?”

“拔针头不小心戳到手指。”

“病人有什么病史?”

“已知有艾滋、C肝带原，目前还在化验是否有其它疾病。”

“你手指有出血吗?”

“有。”

“这样啊……”老爸在电话中沉默了一阵子，我们彼此都没说话。

过了一会儿，老爸开口了：“别想太多吧，下次小心点就好。”

“老爸，你有被针扎过吗?”

“拜托，何止针扎，我还被手术刀割过好几次呢，更别说其它大大小小的飞沫传染疾病了。”

“你都不怕被感染吗?”

“怕啊，可是怕有什么用? 做这行本来就有风险，念医科时你应该就有想清楚了吧?”

“大概是第一次遇到，心情有点受影响……”

“医师救人是本分，出了意外当然很不幸，可是，这是我们的工作。如果真的遇到不幸的话……就认了吧。医师誓词你还背得出来吗?”

“啊……应该可以。”

“第一段背来听听!”

“我郑重地保证自己要奉献一切为人类服务……我将要凭我的良心和尊严从事医业；病人的健康是我的首要的顾念……”

“很好，知道了就回去看诊吧!”老爸“咔”的一声挂上电话。

* * *

六个月后，我回感染科检查。

“结果出来了，你准备好了吗?”学长在报告结果前，小心翼翼地问我。

“不管结果如何，我都可以接受。”我点了点头，心情意外地平静。

谢谢你，给了我如此珍贵的一小时

星期四下午，是M2医学生到医院见习的时间。一般来说，医学生会花一小时左右，跟病人进行一次医学面谈和理学检查。我在医院找病人见习，可是遇到的病人不是不方便，就是懒得理我。这也无可厚非，毕竟来医院心情已经够闷了，谁还会想给菜鸟当白老鼠呢？

正当我考虑放弃时，教授帮忙找到一位老先生。

“你好，我是小百合，谢谢你愿意抽空见我们。请问怎么称呼？”他看来有点虚弱，鼻子上插着氧气管，可能肺部有问题。双眼倒是炯炯有神，一副精明干练的样子。

“叫我JD就好了。别这么说，我很高兴能跟你聊天。”

“JD先生，请问你为什么要住院呢？”

“这个有点复杂，大约三星期前，我的肚子右上方开始痛，忍了两天之后决定来挂急诊。”

嗯，听起来是急性胆囊炎或盲肠炎之类的症状，也有可能是心脏病。

“那你为什么要戴氧气管呢?”
“我是老烟枪，抽烟抽了四十年。”

嗯，大概是慢性阻塞性肺病，胸腔目测也有点扩大。

“急诊室的医师有照片子对不对？他们说了什么?”
“他们说我有急性胆囊炎，需要开刀。不过最后决定不开刀，因为他们后来发现我胰脏长了东西。”

等等，难道这是……不会吧……

“请问你体重有改变吗?”
“是的，我这三个月瘦了二十公斤。”
“他们有没有做胰脏细针抽吸?”
“昨天做的，报告才刚出来。（微笑）”
“诊断结果是?”
“跟你想的一样，是胰腺癌。”

胰腺癌是一种胰脏癌症，目前是恶性程度最高的癌症之一。

> 如果我今天被告知得了胰脏癌，我会有勇气面对吗？

大部分病人无法通过手术治愈，因为找到癌症时早已发生转移，或是有严重的局部侵袭。医界普遍认为胰腺癌的五年存活率低于**5%**，治疗的目的往往只是希望减缓病人不适或是提高癌末生活质量。

“老先生，你看起来很累，要不要直接跳过理学检查?”

“没关系，我希望你继续。”

“真的吗?”

“我坚持。”

在做触诊时，我不断地思考，如果今天是我，我会愿意让学生检查吗？如果我今天被告知得了胰脏癌，我会有勇气面对吗？我会如此冷静，如此从容不迫吗？如果我只剩下几个月的时间，我会怎么做？……我几乎可以肯定，我不想把时间浪费在菜鸟医学生上。

“JD 先生，谢谢你，看诊结束了。方便再问你一些问题吗?”

“请说。”

“请问你接下来有什么计划?”

“我打算先跟我老婆说这个消息。我跟她没有小孩，所以她算是我唯一的亲人。我们结婚五十年了，她今天晚上会来看我。”

“你们的感情一定很好。”

“是啊，我只是担心她会承受不住，不过我知道该如何安慰她。”

“JD 先生，你的态度非常正面积极，这是很难得的。”

“人生就应该勇敢面对，不是吗？”

“之后的计划呢？”

“我想把握时间跟她出国旅行。五十年来，一直把时间花在工作上，现在真觉得惭愧，如果可以，真想跟她一直走下去。许多老朋友想飞过来看我，他们都是法国人，非常热情，可是，我不太想见他们。”

“为什么？他们一定很担心你啊！”

“我想把剩余的时间花在对的地方。”

“JD 先生，我还想问最后一个问题。请问，你今天为什么愿意见我？”

“因为对我来说，你值得。我希望你会记得我，记得我的症状、我的态度，还有，记得我太太，跟我们的爱情。”

“谢谢你。”

学长曾说，有些病人你这辈子永远都忘不了，我想，这就是了吧！

JD 先生，谢谢你，给了我如此珍贵的一小时。

看得见的骄傲

我在医院诊间遇到了一个失明的病人。因为先天性遗传疾病，他从小就看不到这个世界的一切。问诊时，他应答得体，虽然无法签字书写，不过他非常了解自己的病情，也可以背出自己所吃的复杂药物的名称。他从来没有错过约诊，也从来没有表现出怨天尤人的态度。

然而，问诊的时候，我犯了一个不该犯的错误……

“你今天怎么来医院的呢？”
“我自己一个人来。”
“自己一个人？没有人带你一起来吗？”
“我是个成年人，不需要人带。”
“你是坐出租车吗？”
“不是，我搭地铁。”
“你一个人住吗？”

“是的。”

“哇，你好厉害！那你怎么吃药？平常是谁来照顾你的?”

这时，病人皱了皱眉头，语气透露出些许不耐。他说：“我是个成年人，我懂得如何照顾自己。”

我突然发现我的无知伤了他的自尊。我不了解他，但我却自以为是地认为他跟其他人不一样。虽然他看不见，可是这不代表他需要特别帮助，也不代表他需要别人的同情。其实他没有什么要求，只是希望大家可以平等地对待他，其它额外的同情，对他来说，徒为负担。

门诊结束后，我带他走到电梯门口，当电梯门一开，里面挤满了人。有几个乘客发现了他的眼疾，主动走出电梯打算让位给他。我想了一下，跟那些好心乘客点头示意，却挥了挥手表示拒绝。

我对病人说：“电梯人满了，我们等下一班吧！”

解剖学教授的传说

“人类解剖学”是医学生的必修课，内容包含学习人体的组织、肌肉、神经、血管，以及各种大大小小的骨头组合。

上课前，教授特别对我们说：“解剖学是一门新语言，医学生除了要熟记各种新单词以外，还要理解它们的意思和正确的使用方法。这对大部分人来说是很困难的一堂课，每年都有许多学生得重修，希望各位同学好好努力……”

教授说的一点都不夸张，因为第一堂课要背的单词就有五百之多（眼神死），而且其中多半是拗口的拉丁文或是希腊文，有些甚至连土生土长的白人同学也念不标准。对我这种半路出家的“英文苦手”[1]来说，更是难上加难。

---

① 苦手：根据日语演化的舶来词，表示某方面不擅长。

学习解剖学的方式有很多，像是经由内视镜、血管影像学、MRI（核磁共振），或是X光片来判读等。不过最常见的是“gross dissection”，就是用手术的方式打开大体，再由切割来学习人体的内部构造。

“Anatomy donor”是美国人对大体捐赠者的称呼，这些捐赠者大都出自个人意愿，在离开人世前向家属表明愿意提供身体给医学院，让学生学习。对于这些伟大的捐赠者，我们都是抱着尊敬、认真，甚至战战兢兢的态度学习。因为大家都明白大体得来不易，若没有无私的大爱是不会愿意当捐赠者的。

* * *

我们医院的解剖室位于地下室，只要一靠近入口，就可以闻到浓浓的福尔马林味。福尔马林的味道非常呛鼻，闻久了鼻水会流个不停，双眼也会变得泪汪汪，甚至一下课就冲去外头干呕，仿佛多待一秒就会忍不住吐出来。有些同学会自备口罩，也有人会戴上防毒面具(不夸张，就是战争电影里的那种防毒面具)。我的适应力还算不错，对味道也没有什么特殊排斥，所以待在解剖室里并没有觉得特别辛苦。（等等，这有什么好骄傲的？）

“欢迎大家来到解剖学！我是毕斯教授，在这一年里会教你们各种解剖知识。”

小组的指导教授是一位有点年纪的女性，戴着金丝边的粗框眼镜，留着褐色短发。她的嗓门很大，可是个头非常娇小，说话时大家都得找上好一会儿，才能看到她。

“第一次解剖，我建议大家一定要先吃点东西，可以不用吃饱，但是绝对不能空腹，否则很有可能昏倒。相信我，在课堂上昏倒的同学绝对会被笑上一整年，就像去年的杰森同学一样。”

听到这里，我摸了摸自己的肚子，打定主意解剖开始前一定要去吃点东西，千万不能被教授当成明年上课分享的糗案例。

“我建议各位去换上刷手衣，鞋子最好也换穿旧鞋，在学期结束时可以一并丢掉。”

我低头看了自己的鞋子，有点后悔今天穿皮鞋。

“最后再跟各位提醒，这些大体老师在不久前是活生生的人，他们有家人、有事业、有自己的人生，可是却愿意捐出自己的身体供各位学习。医学生在毕业前只有这次机会能接触大体解剖，希望大家好好把握。”

* * *

“我该怎么做?”我看着眼前的大体，有点手足无措。

“你在发什么呆？继续啊！”毕斯教授的声音从人群后方传来，依旧是只闻其声不见其人。

“老师，我不知道要切多深……”

毕斯教授搬了一张小板凳，站在上头，卷起袖子。

“别担心，不要想太多，做就对了。其实没什么，就这样，你看，懂了吧？用手慢慢剥开就好，这样比较不会切到重要血管，像这样……你看，很简单吧?”

这时候，我突然发现老师是“徒手”解剖，而且竟然没有戴……手……套……!!! 满手都是……嗯，你知道的。

“老师，你没戴手套!!!”

“我做解剖的时候通常不戴手套。”

“为什么?!”

“这样比较有‘手感’。”

“可是……福尔马林不是容易致癌吗?”

“是吗？我活到现在还没出事，”毕斯教授淡定地耸耸肩，“……我想我死于其它疾病的机率应该远大于癌症吧?”

* * *

毕斯教授的传说当然不只这些，她最为医学生津津乐道的是“凯蒂事件”。

先跟各位解释一下，“凯蒂”不是人，而是一只猫。更详细地说，是毕斯教授多年前养的猫。话说毕斯当上教授不久后，她发现凯蒂的身体状况越来越差，不仅体重在短短一个月内骤减，而且开始大量掉毛，出现呕吐等症状。毕斯教授非常担心，带着猫看了许多次兽医。可是不管做了多少检查，兽医始终检查不出病因。

一个星期后，凯蒂吐了许多血，死了。

教授为此感到非常难过，她气冲冲地带着凯蒂的尸体到兽医那里要求解剖。想当然耳，兽医拒绝了这种无理要求。为了了解凯蒂的死因，毕斯教授心一横，把尸体带到解剖室，然后展开学校有史以来第一回的“猫咪大体解剖”。

解剖室当天人山人海，许多资深教授也前来观看。在详细的解剖以及多层切片中，毕斯教授在凯蒂的肠胃发现了撕裂伤，以及许多大大小小的不规则肿瘤，切片结果为末期胃癌。

这故事虽然听起来很扯，不过经历此事的学长学姊个个信誓旦旦，拍胸脯保证确有此事。

听说毕斯教授为了纪念凯蒂，每年的考题都会出一两题跟胃癌有关的标本当作加分题。解剖学的期末考称为“bell ringer”，中文翻成“大体跑台”（简称“跑台”）。老师会把大体（或标本）分为六十个“站”，然后用红线标出许多血管、器官、骨头或神经等，学生则是在纸上填答。填答的形式没有固定，有时要写出对应部位的名称，有时要写出可能的病因，也有时候会问一些完全不相干的问题。监考老师每三十秒会敲一次铃，提醒学生时间到了，赶快接着写下一题。

跑台是医学生的噩梦，因为你必须在短短三十秒的时间内答题，就算提早写完也不能先写下一题。这种考试有点“一翻两瞪眼”的含义，会就是会、不会就是不会，百分之百完全凭实力，绝对无法取巧猜题。

考试当天我非常紧张，据说今年的考题比往年困难许多，如果死当的话，有可能会被要求留级。我的考试时间是下午两点，这是个有点尴尬的时间，午餐吃多了，担心出现“吃饱爱困”的状态，影响思绪；吃太少，又怕血糖过低，增加错题率。

好不容易换我入考场了，发现里面摆着满满的大体标本，监考老师则是拿着一个老式摇铃，露出不怀好意的笑容。毫无预警地，“铃”了一声，考试开始！

我脑中顿时一片空白，紧张到无法思考。好不容易定下心来看了看标本，发现是胃部标本，红线绑的是靠近幽门的不规则肿瘤。有趣的是，绑住那胃部标本的红线有着“Hello Kitty”的小贴纸。

我不禁露出微笑，写下答案。

医疗有其极限

“哔——”屏幕上的心电图成了一条水平直线。

“死亡时间：早晨七点零五分。”主治医师冷静宣布。

* * *

“谁可以告诉我，我先生是怎么死的？”一名年轻太太追问主治医师，满脸忧伤。

躺在病床上的是一名男性青年，大约三十岁左右。他是个大学教授，年纪轻轻就以第一名的成绩从博士班毕业，被业内人士视为不可多得的人才，前途不可限量。不过命运弄人，上个月他被发现昏倒在学校走廊上，全身抽搐、癫痫不止。校方立刻叫了救护车，急诊室也做了紧急处理。奇怪的是，除了癫痫以外，其它检查几乎完全正常，脑部断层扫描没有看到出血，核磁共振没有看到肿瘤，就连腰椎穿刺也没发现任何异常。

自从住院以来，他持续昏迷，持续癫痫，最终接受了插管。他无法进食，鼻管也插不进去，医师只好勉强以静脉导管给予他需要的养分。转诊到加护病房后，状况还是没有好转，引发了败血症，装了叶克膜。最后，在太太的同意下，家人签了 DNR（Do Not Resuscitate，放弃急救同意书），让他平静地离开这个世界。

“他究竟为什么会癫痫呢？”这个问题，不仅是他家人想问的，也是全体医护内心的困惑。

* * *

“这些日子辛苦你们了，我能理解你们的心情，请问有没有什么是我可以帮忙的？”我试着安抚家属。

“我真的不明白，我先生得的是什么病。”

“目前无法确切得知，只能做些推断……有可能是病毒，有可能是自体免疫系统出了问题，也有可能是其它不知名的疾病。”

“好好的一个人，为什么会是他……”

“我很遗憾，请节哀。”

“他就这样不明不白地走了，我们真的不能接受。”

“……请问你有考虑过医学解剖吗?”

“什么? 你要把他的身体拿去做实验?”

“不，不是这样的。”我放轻了声音，“医学解剖是由病理医师执行，他会从病人身上取下需要化验的组织，然后在显微镜下查看病理玻片。这是目前最有可能找出病因的方法。”

“我不愿意让他继续受苦……”

“我们医院的病理医师非常专业，取组织的技巧很好，解剖结束后会仔细缝合，不仔细看的话是不会发现差别的。”

“做完解剖后，一定会有结果吗?”

“……我向你保证，我一定会全力以赴。”

“……我得跟他父母讨论看看。”

“谢谢你，我希望能厘清真相，找出他发病的原因。”

* * *

病人的遗体在当天下午被送到解剖室。我排出时间参与解剖，希望可以提供病理医师一些临床上的信息。

“病人是三十二岁白人，男性，本月十日被送来急诊，主要症状为癫痫不止，我们立即施打了抗癫痫药物，不过病人没有任何反应，类固醇、免疫球蛋白静脉注射也没有明显效果……”我一口气跟病理医师报告住院过程，“不管我们做了什么，癫痫一直无法停止，最后病人得了严重败血病和败血性休克，出现代谢性酸中毒……胸腔 X 光片显示呼吸窘迫症候群……家属签完 DNR 后，病人在今天早上出现心房颤动和心脏衰竭……死亡时间是七点零五分……”

“所以你想知道癫痫的原因？”病理医师看了我一眼。

“嗯，我们知道病人是死于败血症，可是一直找不到癫痫的原因。”

“你有什么想法？”

“脑部断层扫描还有核磁共振没有任何出血或是中风的现象，尿液检查没有验出任何药物使用，腰椎穿刺也没有异状，血中验不出酒精中毒，病人发病前没有更改饮食习惯，也没有开始服用新药物，过去半年未曾接种疫苗，抗癫痫药物开到最高剂量也没有反应……我怀疑是某种感染性疾病或是自体免疫疾病。”

“我知道了，我会邀请脑部病理专科医师一起来处理脑部的部位，自体免疫的部分我会对标本进行一些特殊染体来检查，感染部分我会做一些常见病毒、细菌还有霉菌测试。”

“谢谢你。请问我可以和你一起做解剖吗？”

“啊？可以是可以啦……不过这个解剖会耗上不少时间喔！”

“没关系，下午的门诊我已经请学长帮忙，请你务必让我参与解剖过程。”

病理医师点了点头，拿起手术刀，朝着遗体划了下去。

* * *

“报告结果跟你想的差不多，肺叶有弥漫性肺泡损伤，肾脏有弥漫性血管内凝血反应，血液验出金黄色葡萄球菌，病人的主要死因是败血症引起的多重器官衰竭……”病理医师坐在显微镜前缓缓说着。

“脑部报告呢？有没有找出癫痫的原因？”

“这个嘛……脑部的病变没有我们想象得多，除了一些败血症造成的脑部病变以外，没有什么决定性的证据。”

“自体免疫系统方面呢？”

“很难说，切片没有任何证据显示这是自体免疫系统的问题。”

“病毒呢？”

“常见的病毒我们都测过了，全部都是 negative。”

“所以你认为死因是……”

“推测是某种未知病毒感染造成的急性播散性脑脊髓炎，最后导致癫痫。当然还是有可能是某种自体免疫系统疾病……”

“等等，我们花了两个多月的时间，查了这么多文献，会诊了各科医师，结果还是不知道原因吗？”看着手中一大叠的 paper，顿时有种深沉的无力感。

“有时候不管你多么努力，还是有可能会找不到答案……”病理医师把玻片从显微镜上取下，小心地放入盒子里，“医疗有其极限，医师毕竟不是神，本来就不可能无所不知。”

* * *

“所以说，你们做完解剖后，结论是死因不详？”死者的妻子看完报告后发问。

“是的。”

“请你认真回答我一个问题，当你在照顾我先生的时候，是否尽了最大努力，毫无保留地治疗他？”

“是的，我想是的。”

“谢谢你，这样就够了……”她对我握手，“这样就够了……我想替我先生谢谢你，谢谢你愿意这么认真地治疗他。”

医师是没资格犯错的

病理标本处理流程大约可分为两种。

一般标本是由临床医师将组织取下后，用福尔马林固定，再由病理科接手处理，经过重重的脱水、浸蜡程序后，隔日由医检师进行切片、染色、封片等步骤完成病理玻片。这些玻片最后会回到病理医师手中，用显微镜仔细判读并写出诊断，全部流程大概要花上三到五天。

“冷冻切片”则是一种加速版的病理诊断，开刀房的医师将标本取下后，立刻快马加鞭送到病理科手中，病理医师会实时处理，在零下25℃～30℃的环境下进行组织切片（不经福尔马林固定）。染色、封片、判读全部一气呵成，二十分钟即可取得检验结果，十分有效率。

既然冷冻切片可以迅速得知结果，那医院为什么还采用传统切片的方法呢?

主因是成本和误判率。

冷冻切片的成本比传统切片高出许多，而且切片难度也高出许多(用刀片手动刮出五到十微米，难度颇高)，这些高难度的切片往往容易造成标本瑕疵，无形中也增加了误判率。万一把良性肿瘤判成恶性肿瘤(或是把恶性肿瘤判读成良性肿瘤)，后果可想而知。正因如此，非必要的情况下，一般外科医师是不会要求冷冻切片的。

我在病理科实习期间认识了不少外科医师，其中让我印象最深刻的是进行 Whipple 手术的耶格医师。

Whipple 手术是极端复杂的手术，也是目前唯一有可能治愈胰脏癌的治疗方式。它的手术时间长，并发症多，而且手术死亡率极高。每台 Whipple 手术都需要冷冻切片，有些是要确认肿瘤有没有转移到其它器官，也有些是要确认切口边缘的组织有没有癌细胞。外科医师会根据冷冻切片结果来更改手术过程。

简单来说，有本事动刀的医师百中无一。

我实习的医院是胰脏癌转诊中心，每个星期大约会有六至十台 Whipple 手术，远远超出其它地区医院。支撑着这些庞大 Whipple 手术的是一群胰脏癌手术专家，其中比较有名的便是耶格医师，他是个看起来很不像外科医师的外科医师，年约五十岁左右，说话轻声细语，给人温文尔雅的感觉。世界各地的病患会特别指定由他开刀，期待他带来奇迹。

每次碰到耶格医师的刀时，他都会亲自送标本到病理科做冷冻切片，然后在旁耐心等待，就算遇到延迟的状况，也不会焦躁生气。

某天切片空当时，我跟他聊了起来。

小百合：“今天开刀过程还顺利吗？”

耶格医师：“还不错，没有什么大问题。”

小百合：“你每天动这么多台手术，有没有算过到目前为止开了几台 Whipple 啊？”

耶格医师：“年轻时有仔细算过，不过 204 台之后就不算了。”

小百合：“为什么？懒得算了吗？”

耶格医师：“不是……是因为 204 台的病人死了。”

小百合：“死了？”

耶格医师：“嗯，死在手术台上，我永远忘不了那台刀。”他的语气听起来异常苦涩。

小百合："不过两百多台才碰到一个 death on table，听起来没有问题啊！"

我是说真的，像 Whipple 这种高风险的手术，能做到死亡率小于 5%已经是超级了不起的成就了，"1/200"这种死亡率，根本算是神的等级。

没想到，耶格医师看着我摇摇头，表情凝重。

耶格医师："你不懂，对于家属来说，就算只有一个，也是太多了。"

小百合："可是开刀本来就有风险，况且医师也是人，没有人是完美的。"

耶格医师（苦笑）："你错了，医师是没资格犯错的。不管救了多少人，只要失手一次，你就是罪人，一辈子都会活在懊悔中。"

我没有继续追问下去，因为我看到了他所背负的沉重。其实我很明白，既然做了这行，就要有所觉悟，做好一切准备。

毕竟，保持完美就是医师的使命！

妈妈爱你，你知道吗？

“哔哔哔哔哔……”（call 机响起）

小百合：“哈啰，我是小百合。”

某医师：“我们等会有个 case 要送来解剖。”

小百合：“没问题，几点？”

某医师：“嗯，还要再几个小时吧。”

小百合：“人还没走？”

某医师：“其实，病人已经往生了，家属在做最后告别。”

小百合：“OK。那，等他们准备好了再 call 我？”

某医师：“好。”

结束通话后，我发觉这情况有点奇怪。一般来说，如果病人死后需要进行医学解剖，主治医师会先征得家属同意，然后接着把遗体送到太平间，这样一来，可以延缓遗体腐化的速度。待一切准备妥当后，才会联络病理科。今天这么早就联络了，感觉有点莫名其妙。

等了一个多小时，我拨了电话过去。

小百合：“哈啰，是我，我想请问一下大概还要多久？”

某医师：“其实，我也不知道。”

小百合：“好吧。不过如果拖太久的话，遗体会开始腐化，到时候结果可能不会那么准确喔！”

某医师：“我明白。”

就这样，又过了五个小时……

小百合：“不好意思，请问 case 会过来吗？”

某医师：“会啊，不过家属还在跟病人诀别。”

小百合：“好吧，没问题。不过，晚上六点后解剖室就不接受 case 了喔，这样就要等到隔天。可是这么一来，解剖的准确度会下降。”

某医师：“我明白。”

在等待的同时，我查了一下病历。

“三十八岁女性，第一次怀孕，上个月产检时发现胎儿异常，怀疑为基因或染色体突变，无家族史。建议：医学堕胎。”

喔，原来往生者是小 baby 啊，家属则是妈妈。嗯，听起来像是某种少见的基因异常疾病，如果能通过解剖找出突变基因的话，将会是一大突破，也能给家人一个合理的医学解释。

“怀孕二十一周，孕妇不愿意接受堕胎，希望尽一切可能生下孩子。主治医师明确表示孩子生存率极低，就算得以生存，生活质量也会是极低的状态。”

“怀孕二十六周，超声波显示多重异常。胎儿没有眼睛、腭裂（口腔和鼻腔之间上腭的部分欠缺）、耳朵异常短小、心肺功能异常、手指分裂异常、肾脏囊肿异常。”

“怀孕二十八周，孕妇明确得知胎儿畸形异状，不过孕妇依然坚持尽一切可能生下孩子。”

“怀孕三十二周，主治医师表示胎儿如果顺利出生，则非常可能需要插管和急救。孕妇希望尽一切可能生下孩子，也表明希望尽一切可能急救。”

“怀孕三十六周，主治医师连同基因学专家与孕妇及家人开会，会中表明胎儿出生后存活率接近零，而且急救效果预期不佳。孕妇坚持希望尽一切可能急救，并且表示希望给胎儿一个活下去的机会。”

“怀孕三十七周，自然产，经阴道分娩。婴儿有多重异常，无眼睛、无耳朵、腭裂、蹼指。婴儿呼吸困难，心肺衰竭，吐出大量分泌物。紧急插管时，母亲临时决定要医疗人员停止急救。早上六点零七分于母亲怀中过世。”

我想，这妈妈一定抱着无比的爱怀着这个孩子吧！她希望看到孩子出生，也愿意接纳孩子的一切。她一定觉得，不管孩子有多么畸形、多么异常，她都会全心全意地爱着他。

可是，当孩子一出生的那一刹那，她明白了。于是她忍痛，做出困难的决定。

我拿起了电话。

小百合：“是我。家属还抱着死者吗？”

某医师：“你看了病历了啊？是啊……”

小百合：“没关系，让她慢慢来。不管多晚，今天我会留下来做完这个 case。”

*　　*　　*

Baby 啊，你一路走好。
其实你很幸福，能在妈妈的怀中离开。

你知道吗，你有个如此爱你的妈妈喔。

妈妈爱你，你知道吗？

希望我是错的

在急诊室值夜班时，碰到一名来挂急诊的中年妇女，由于学长当时正忙着处理其他重症病患，我被主治医师派去向病人问诊。

小百合："你好，我是医学生小百合，方便问你几个问题吗？"

病人："好。"

小百合："请问你今天为什么来医院挂急诊？"

病人："我肚子痛。"

小百合："什么时候开始的？"

病人："今天中午，本以为会慢慢好起来，可是后来好像越来越痛。"

小百合："可以用手指出哪里痛吗？"

病人："大概是这里。"病人用手指指向肚子右方，表情痛苦。

小百合：“有发烧、呕吐、拉肚子吗？”

病人：“都没有。有点头晕就是了。”

小百合：“大小便会痛吗？”

病人：“不会特别痛。”

小百合：“请问你最近一次的月经是什么时候？”

病人：“已经有一段时间没来了。”

小百合：“一段时间？大约多久呢？”

病人：“两三个月了吧。”

小百合：“请问最近有出血吗。”

病人：“偶尔有一点点，但非常少。”

听到这里，我慢慢有了答案……

小百合：“请问你最近有性行为吗？”

病人：“这几天没有，之前有。”

小百合：“你觉得你有没有可能怀孕呢？”

病人：“如果真的能怀孕就太好了！”

小百合：“为什么这么说？请问你有小孩吗？”

病人：“没有。我和我先生尝试很多次了，可是一直没有成功。”

小百合：“尝试很多年了吗？”

病人：“是啊，医师说我的体质不易受孕，好像是因为之前得过盆腔炎的缘故。”

仔细问完诊，主治医师立刻把我拉到一旁。

主治医师：“刚刚尿液检查报告出炉，她怀孕了。”

小百合：“真的啊……”

主治医师：“你觉得她是得什么病？”

小百合：“她有盆腔炎的病史，而且又只有右边肚子痛，我担心是子宫外孕。”

主治医师：“我也这么想。我已经安排腹部超声波了，β -HCG（怀孕指数）结果还要再等一下。”

学长做超声波的时候，我一直默默祈祷，希望会在子宫内看到小 baby。可是，不管学长怎么来回扫描，子宫内空空如也，反倒是在卵巢管里看到了不该看到的，典型的“Ring of fire”迹象。

换句话说，我几乎可以肯定这就是子宫外孕。

子宫外孕是一种产科疾病，白话来说就是“胚胎着床在子宫以外的地方”，像是卵巢、腹腔、输卵管等。胚胎着床在这些地方是非常危险的，除了无法正常成长以外，还有可能造成妈妈身体的病变，其中最让医师担心的是可能造成致命的大量出血。也因如此，产科医师看到子宫外孕的病人都会积极处理，避免憾事发生。

* * *

我跟学长一起走进诊间。

学长："你的尿液报告结果显示你怀孕了。"

病人："真的吗？太好了！"

学长："可是我们不确定这是不是正常的受孕。"

病人："这是什么意思？"

学长："我用超声波在你右边的卵巢管找到了一个包囊，有可能是黄体囊肿，也有可能是子宫外孕，目前没有办法完全肯定。"

病人："……"

学长："不过由于你子宫内没有妊娠囊或胚胎，加上你过去的病史，目前我们认为子宫外孕的机率很高。"

病人："……"

学长："你的怀孕指数是1400，通常我们要到1500以上才会完全看到胎儿。建议你两天后回诊，如果怀孕指数到达两倍左右的话，正常怀孕的机率会比较高；如果指数跟今天差不多的话，就比较有可能是子宫外孕。”

病人：“……”

学长：“可是由于你现在有强烈腹痛，血压也有点不稳定，我担心病情可能会有变化，建议办理住院手续。如果确诊为子宫外孕的话，趁现在接受手术治疗是最好的方式。”

病人：“你觉得是子宫外孕的机率有多大?”

学长：“老实说，95%以上。”

病人：“这个 baby 得来不易，我不要动手术。”

学长：“小姐，你要知道子宫外孕是很严重的病。如果输卵管破裂的话，会有生命危险。”

病人：“我不要动手术。”

学长：“腹腔镜或是药物治疗也是治疗方式之一。”

病人：“我都不要！我觉得这不是子宫外孕。”

学长：“你听我说，种种迹象都显示……”话说到一半，病人突然打断他的话。

病人：“你懂什么？今天怀孕的是我，不是你；今天面临危险的也是我，不是你。不要以为你多念了点书就可以对我说长道短，我愿意用我的命来赌这 5%的机率，赌这 baby 会在我的肚子里正常长大。”

之后不管主治医师如何苦劝、学长和我如何解释，病人始终不愿意办理住院手续，她签了自愿出院文件后，一个人走出急诊室。

* * *

小百合："学长，你觉得两天后，她的怀孕指数会 double 吗？"

学长："……希望会。你知道吗，很多时候，我多么希望自己是错的。"

Baby Friday，未成年少女堕胎日

星期五，是我们医院为未成年少女堕胎的特定日子，也是学长口中的“Baby Friday”。这一天，医院全部的手术室会排满了刀，妇产科医师会忙碌地进行流产手术，取出一个个胎儿。在病理科值班的我，则是在晚上接收一桶桶的妊娠物。

一般而言，来我们医院接受堕胎手术的有三种情况：第一种是母亲因疾病或家庭因素不宜妊娠；第二种是小孩有严重先天缺陷、疾病。以上这两种情形，医师会视情况建议引产，堕胎时间没有特别限制，也没有严格的法律问题。胎儿取出后会直接做医学解剖，之后礼仪师会取回胎儿遗体让家人安葬，baby 走得有尊严。

这篇要说的是第三种情况，也就是避孕失败，要求终止妊娠的小女生们。这些孕妇大多是偷尝禁果的小妈妈，平均年龄大约在十五六岁。提早发现的话，医师可以在怀孕十周内进行人工流

产，超过十周的话则需进行子宫刮除术。子宫刮除术就是将胎儿夹碎后，分次取出，用刮匙清理剩下的躯体。这些胎儿会被送到标本室，泡在福尔马林里两个星期，再由医院丢弃。

就医院的观点来看，这些胎儿被视为“医学标本”，因为他们还不到二十周大，就法律来看他们并不算生命。他们往往没有任何异常，所以也没有必要进行医学解剖。而既然是“标本”，医院当然没有必要花钱安葬他们。这些胎儿没有家人呵护，也没有葬礼仪式，只有破碎的身体和残缺不齐的心。每个星期五，除了我以外，仿佛这世上没有人知道他们曾经存在过，小 baby 们就这样静静地“经过”人间。

很现实，也很无奈。

我知道，对于那些小妈妈来说，来医院堕胎是一辈子的痛，也是永远不愿想起的回忆。我懂，因为每个星期五，我都能够感同身受。

即使如此，每个 Baby Friday，面对那一桶桶的破碎残缺，我还是会在心里默默想着：“我好希望能有那么一天，我是在新生儿产房看到你；我好希望能有那么一天，你的小爸爸、小妈妈能做好完整的避孕准备；能有那么一天，我不会看到你支离破碎的身体，也不用费心把你拼回原状；我好希望能有那么一天……”

小情侣们，或许你们看不到我所经历的每个星期五夜晚，不过我希望你们能跟我一起努力避免这类情况一再发生。因为如果有一天，医院没有了 Baby Friday……

那该会有多好。

原来我不是 FOB

“FOB”是美国人对外地人或新移民的戏称，全名是“Fresh off the boat”，也就是“才刚下船”的意思，这字眼带点贬义，所以一般人不太会这样说。不过，比较熟的死党就很有可能会这样糗你，尤其是当你英文语法说错或是拼错单词，又或是对美国文化一知半解的时候（对啦，我常干这种蠢事）。

在妇产科实习时，听到护理师开口询问：“那个 FOB 在哪里？他还在这里吗？”

老实说，当下听到这字眼觉得有点惊讶，毕竟我才刚来妇产科实习不久，跟那位护理师不熟，被叫 FOB 难免有点不开心（我英文有那么烂吗！哼）。不过我是个有涵养的人，不愿意没事小题大作，而是默默走过去“自首”，告诉她我的名字，顺便提醒她不要叫我 FOB（虽然我是）。

“嗨，我在这。我的名字是小百合。”

“嗨，小百合，你有看到 FOB 吗？”

瞎密[①]？竟然这样当面污辱我？太过分了！

---

① 瞎密，闽南语，“什么”。

“听好了，我或许是你眼中的 FOB，可是我的名字是小百合！请叫我小百合，好吗？”

护理师愣了一下，然后下一秒突然狂笑。

“我的天啊，我说的 FOB 是指婴儿的爸爸（Father of the Baby）啦，哈哈！这是我生平见到最笨的事情啊啊啊！”

我就这样在产科护理室红了，之后每个人都叫我 FOB……

这是我的温柔

“喂，是癌症肿瘤科吗？这里是急诊科，我们有病患要转诊。”值班医师在电话里说着。

“没问题，主诉是什么？”我拿起纸笔开始笔记。

“病人三天前开始高烧，有严重腹痛和无法进食的症状。”

“生命迹象呢？”

“除了体温偏高以外，其它正常。”

“有癌症病史吗？”

“有，小细胞肺癌（Small Cell Lung Cancer）。”

“知道了，我们马上过来。”

这是我第二个月在癌症肿瘤科实习。比起一开始的生涩和不熟练，如今我已逐渐熟悉临床医学，学长交给我的工作也越来越多，尤其是最近几天，学长更是把call机给我保管，训练我独当一面的能力。

“学长，我先去急诊室看一下新病人喔!”

“好，做完理学检查后跟我报告一下。”

“没问题。”

跟学长打过招呼后，我走向急诊室。我们医院的住院病房跟急诊室有一小段距离，步行约需十分钟左右。对于行动不便的病人来说，要从急诊室走到住院病房根本是天方夜谭。院方往往要请“transport”(移动人员)来帮忙传送病人，无奈的是，transport的人力有限，往往要等上好长一段时间才会派人过来。于是我干脆直接前往急诊室面试病人，做完初步评估后找张轮椅把病人推去住院病房，因为这样最有效率。

* * *

“请问你是莫非先生吗?我是医学生小百合，我可以问你一些问题吗?”

莫非先生是一位六十岁左右的中年人，看起来十分虚弱。他点了点头，没有说话。

“我爸爸身体不太舒服，我来替他回答好了。”一位三十岁左右的女士在一旁接话。

“你爸爸多久没有进食了?”

“快两天了，从昨天开始吃什么东西都会吐。”

“请问有拉肚子吗?”

“没有，完全没有排便，一直喊肚子疼。”

“我们会为你爸爸进行一些检查，不过在那之前，我想问一下他的癌症病史。”

“我来回答就好。”女儿继续接着说，“我爸在三年前发现呼吸不顺，体重也不断下滑。来医院做检查时发现肺部有阴影，于是做了肺部切片，不过可能是肿瘤不太明显，第一次切片没有发现任何异常。”

“嗯，然后呢?”

“几个月后，我爸某天早上突然神志不清，送急诊后发现左脑有严重脑水肿，还有肿瘤……开刀后恢复神志，不过脑部切片发现是小细胞肺癌的远程转移。”

“所以三年前肺癌就已经转移到脑部了?”

“嗯。”

“你爸真是不简单……”我会这么说是有原因的。小细胞肺癌是死亡率最高的癌症之一，尤其是有脑部转移的扩散期(Extensive-stage Disease)病人，他们平均寿命是八到十三个月，五年生存率不到 5%。莫非先生能奋斗到今天，实在令人佩服。

“我爸是个 Fighter，不是个 Quitter，他从小就这样教导我们。”女儿的口气带有一丝骄傲。

“然后呢?”

“然后我爸开始接受化疗，从第一线抗癌药物用到第二线，之后也做了全脑放射线治疗。”

“全脑放射线治疗……是希望抑制脑部的肿瘤继续扩散吧!”

“是啊，不过隔了一阵子，脑部又发现新的肿瘤，胸腔肿瘤又持续变大，所以我们动了胸腔放射手术，并且使用了第三线化疗药物。”

“效果如何?”

“不太好，副作用很大。我爸被迫停药，几个月后甲状腺和小脑又找到新的肿瘤转移，我们动了伽马刀(Gamma Knife)，然后开始用第四线抗癌化疗。”

“用到第四线了啊……”

“嗯，可是胸腔肿瘤持续变大，我爸又开始咳血，于是上个月又做了放射线治疗。”

“第二次放射线治疗?你爸很不简单，愿意一直坚持下去。”

“是啊，我爸就是这样的人。”

“他最近一次住院是什么时候?”

“上星期。他开始呕吐还有头痛，医师怀疑是肿瘤引起的脑水肿，于是紧急开刀。”

“等等，他上星期才刚开完刀?”

“是啊，开刀完后身体一直很虚弱，然后无法进食，没办法正常排便，所以今天我才带他来急诊室。”

“我懂了，谢谢你。”我转身看着莫非先生，“现在我想为你做一下理学检查，可以吗？”

莫非先生点了点头，看起来非常疲惫。

* * *

影像科报告终于出来了。

跟我想的一样，莫非先生的状况非常糟糕。除了胸腔和脑部的肿瘤以外，我们在肝脏、肾上腺、骨头等处都找到新的肿瘤，腹腔和脑部又出现了积水。由于莫非先生已经用到了第四线化疗药物，而且身体已产生抗药性，目前临床上没有任何办法可以控制病情，简单来说，我们已经无计可施了。

跟学长仔细讨论病情后，我们跟着主治医师一同走进病房。

“莫非先生，你的病情恶化得非常严重，我们目前能做的相当有限……”主治医师缓缓说出残酷的事实。

莫非先生点了点头，脸上没有一丝惊讶的表情。

“未来几天有可能会面临紧急状况，我想先跟你确认一些关于急救的问题，如果你的心跳停止了，请问你希望我们为你施做CPR吗？”

莫非先生摇了摇头。

“如果你呼吸衰竭，你希望我们为你插管吗？”

莫非先生又摇了摇头。

“我这里有一份DNR，如果没有问题的话，请你签个名。”

正当主治医师要把文件拿给莫非先生时，莫非先生的女儿冲了上来把文件抢了过去。

“爸，你不可以就这样放弃啊！”她大声叫着，“你知道我们失去你会有多难过吗？”

莫非先生看起来很难过，没有开口。

“我爸是不会签DNR的，”女儿做了结论，“你们不可以这样对我爸，你们到底是不是医师啊？！”

“小姐，你爸爸的病情真的很严重……”学长话还没说完就被打断。

“不要再说了！爸，你说啊，你快跟他们说你不会签DNR。”

莫非先生叹了口气，表情苦涩地看着主治医师说：“我不愿意签DNR，我希望你们为我做急救……”

为什么要救我？

我被派往学校的附属医院。学校为了让医学生能有完整的训练，每隔几个月就派他们到小区医院实习，借此接触各式各样的病人。否则老是待在医学中心，每天接触一堆罕见疾病，久而久之反而变得不会诊疗一般疾病。

老实说，我对这间附属医院的第一印象不太好，设备老旧，楼梯间有尿骚味，医院周遭聚集着边缘人，有些还会在大白天吸食毒品。不过这间医院的医师也相对硬派，处理事情干净利落，绝不拖泥带水，碰到态度不好的病人也不会退缩，反而还会直接开骂。像这样的医院，却有着顶尖的急救技术。我们私底下常戏称这间医院为“正牌”的急救中心，毕竟它设在治安不好的地带，每年看到重大伤员的病人数量远远超过校本部。

“Buddy”就是我在附属医院遇到的病人。

报到第一天，学长丢给我一份厚厚的窗体，上面写满了待查房的重症病人。名单上的每个名字都有一小段“重点摘要”，主要是记录病情、住院原因还有复原进度等，我的工作就是每天更新这份“重点摘要”，然后帮学长一起进行理学检查、换药、抽血等杂事。

仔细一读，其中一位病人的摘要竟然长达两页多。“学长，这位病人的病情这么复杂啊？”看到密密麻麻的记录，我不禁皱起眉头发问。

“喔，你是说 Buddy 啊？他是我们医院的红人，已经住院两个多月了。”

“两个多月？听起来很严重耶！”

“当然严重，全身皮肤有 60%烫伤、20%坏死，只剩下不到 20%的完整肌肤，你说严不严重？”

“他是怎么受伤的？”

“公寓大火，整间大楼都垮了，前几天新闻还在报道。”

“喔喔，我有印象了，听说有一名小孩全家都过世了对不对？”

“没错，Buddy 就是那个小孩。你知道吗？他刚被送来的时候，下半身几乎被挤压得不成人形。”

“好惨……”

“皮肤也全烂了，就像软掉的橘子皮一样，一碰就掉……”学长用手比了比，看到我吓坏的表情后才打住，不再描述细节，接着又说：“后来他大量内出血，本来以为完蛋了，没想到主治医师硬是把他给救回来，凭良心讲，他现在还能活着简直是奇迹。”

“Buddy 有其他亲人吗？”

“好像有一个阿姨，不过不常出现。”

“唉，学长，有没有什么是我们可以为他做的？”

“有，”学长突然变得严肃，“努力给他活下去的动力。”

* * *

烫伤加护病房是专门处理烧伤、烫伤病患的诊间，这里的护理师和医护人员都要受过特别训练，进诊间前也要穿上隔离衣，避免感染。

Buddy 是个非常瘦弱的小男孩，看起来比实际年龄还小，全身上下裹着厚厚的绷带，只有左脸和右小腿的肌肤还算完整。

“我是小百合，是这个月负责照顾你的医学生。”

Buddy 看了我一眼，点点头，没有表情。

“护理师说你最近都没有进食，这样对你的肠胃不好。”

“……”

“你有没有什么想吃的食物?”

“没有。”

“身体有没有哪里不舒服?”

“没有。”

“晚一点复健师会来帮助你走动，可以吗?”

“嗯。”

“我想找一位精神科医师跟你聊聊，好吗?”

“嗯。”

“好，那有任何问题可以随时找我，晚点见。”

Buddy 点点头，然后闭上眼睛。

其实，我不知道他是不是天性沉默，不过我明白，如果是我遭受这种打击，也会像他一样沉默的。

* * *

这几天晚上 Buddy 的体温突然升高。一般来说，烧伤患者最怕发烧，因为发烧就可能代表细菌感染，细菌感染就可能造成败血症，一旦引发败血症就有可能导致多重器官衰竭，然后不论是谁，只要演变为多重器官衰竭，通常只有一个结局……（注：败血症是医院常见的死亡原因。）

Buddy 身上几乎没有完整的皮肤，这将大幅增加病菌感染的机会。再说，他身上插着一堆大大小小的管子，医院的细菌又极为凶狠，如果细菌跑到管子的话，就有可能直通心脏。

我们非常担心 Buddy 的病情，所以学长跟我决定下班前去查房，一定要找出发烧的原因。不过，Buddy 的发烧有点奇怪，因为只会发生在晚上，而且几乎都在凌晨一点左右。

夜晚的医院非常安静。我们走到 Buddy 病房，发现里面灯是亮着的，十一点了，他竟然还没睡。

“身体有没有不舒服？”学长开始问诊。

“没有。”

“有没有想吐？发高烧？打冷颤？”

“没有。”

“有没有咳嗽？拉肚子？血尿？”

“没有。”

“有没有呼吸困难？胸闷？头痛？”

“没有。”

说实话，Buddy 看起来挺正常的。他的血压正常、心跳平稳，体温也在正常范围内，我们做了详细的检查，却看不出任何有可能感染的迹象。

正当我们纳闷的时候……

一名 WCT（Wound Care Technician，处理伤口的医护人员）走了进来。“哇，你们这么晚来看 Buddy 啊？”WCT 带着一个大箱子，熟练地拿出许多绷带。

“等等，你现在是来帮他换绷带？”
“是啊。”
“怎么这么晚？”
“病人特别要求的。”

我脑中突然闪过教授之前的上课内容。

“你昨天晚上也是这个时候换绷带吗？”
“是啊。”

我和学长交换了一个眼神，我想我们找到Buddy发烧的原因了。

WCT把Buddy的上衣褪下，然后慢慢地撕开绷带，露出血淋淋的伤口。WCT的动作非常轻，非常慢，也非常温柔，不过这些似乎无法减轻Buddy承受的痛楚。Buddy咬紧牙关，拼命不让自己发出声音，一个人忍着剧痛，在床上抖动着。

我和学长就这样看着Buddy痛了两个小时，整整两个小时。

学长走到Buddy面前，握着他的手说："你可以叫出来，没有必要忍。"

"……"

"叫出来会好些。"

"……"

"你真的没必要忍，想叫就叫吧，这里没有人会笑你的。"

Buddy突然抬起头看了学长一眼，冷不防地问："我只是不明白，我究竟做错了什么，你们为什么要救我？"

学长一时之间愣住了，久久不知该如何响应。

我量了 Buddy 的体温，果然提高了，教授说得没错，身体的剧烈疼痛是有可能造成体温提升的。

走出房门后，我忍不住开口询问："我们不能给强一点的止痛药吗?"

"已经到最高剂量了。"

"要不干脆做全身麻醉算了。"

"不行，全身麻醉的危险性太高，麻醉科不可能答应。"

"每天都要换绷带吗?"

"嗯，每天都要……"

我突然发现学长的眼眶一下子变得湿润。

* * *

四个月后，Buddy 终于可以出院了。医院帮他举办了一场欢送会，买了蛋糕，还弄了一堆气球，每个人的脸上都堆满了笑容，除了 Buddy 以外。他一个人静静地坐在轮椅上，表情平静，好像这世上再也没有能令他快乐的事情了。

"恭喜你要出院了!"

"嗯。"

"出院后要好好复健，这样才会比较快好。"
"嗯。"
"有没有什么问题呢？"
"……没有。"

学长这时突然开口："Buddy 你很勇敢，也很努力。我知道你很辛苦，你要答应我，要坚强，要勇敢，要为大家好好活下去。"

Buddy 点了点头，没有回话。

望着 Buddy 离去的身影，我突然觉得自己很无能："学长，我们就算能让 Buddy 的伤口复原，让他顺利出院，可是我们没有办法抚平他心里的伤痕。"

学长叹了口气，说："我也常常在想，救他回来究竟是在帮他……还是害他。"

主治医师刚开完一台大刀，帅气地离开手术室，留下学长负责缝合。可能是因为学长求好心切，所以缝合的速度稍微慢了些。麻醉科医师为了控制时间，问了学长大概还要多久。

学长听到后有点小小不爽，突然转身问我：

“小百合，你知道什么是 ABC 吗？”

“ABC？知道啊！Airway（保持气道通畅），Breathing（呼吸），Circulation（血液循环）。是基础急救步骤的口诀。”

“那你有听过麻醉科的 ABC 吗？”

“麻醉科的 ABC？不是都一样吗？”

“不一样，麻醉科的 ABC 是 Airway（保持气道通畅），Book（书），Chair（椅子）。因为在手术中，除了 airway 以外，他们就只会坐着看书。”

麻醉科医师听到后，立刻爆气：

“喂，那边那个学生，你听过外科的 ABC 吗？”

“呃……我没听过。”

“我教你。Always（永远），Be（负责），Closing（缝合）。像你学长这种咖，只能在 case 结束后乖乖缝合，其它啥都不能做，懂了吧！”

我的天啊，大家的反应都超级快啊！

我当时好像也有自己的 ABC，Almost（差点），Been（被），Chewed（吃掉了）。

等等，仔细想想，应该是 Always（总是），Be（在），Crying（哭泣中）。

最近在外科实习跟到了一位学长，他长得颇帅，而且眼睛超电，虽然我是男生，不过有时还是会不小心被他电到，害得我跟刀时都不敢直视他的眼睛。

有次在开刀房，学长是第一助手，我是第二助手。我穿着无菌衣，站在学长左边拉钩。开刀开到一半，学长突然放下手上的刀，双眼直视着我，不发一语。

学长："……"
被学长这样盯着，我不禁脸红心跳，紧张不安："怎么了？"
学长："不要动。"
"啥？"
学长："不要动。"

话才说完，学长整个人就靠了过来，把头深深地埋在我肩膀上……

我愣了一下，不知道该做什么反应，脑中一片空白。

学长靠了约五秒后，突然激烈地在我肩上磨蹭……

他不断摇晃，还发出一些低沉的喘气声……

虽然应该只有短短几秒，不过我觉得好像过了几个小时。

虽然很对不起学长，可是我实在没办法接受这样子的关系……

正当我决定鼓起勇气，跟学长说清楚讲明白时，学长开口了：

“×，好爽！开刀时就是要这样抓痒才爽啦!!”

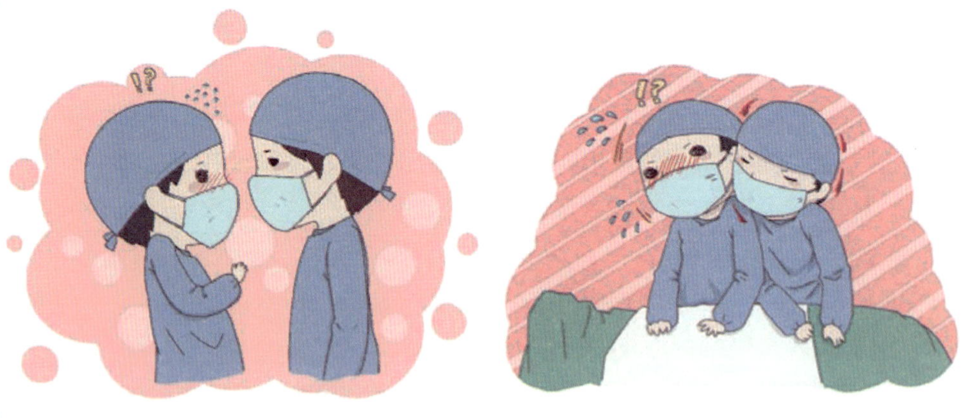

开刀房里最重要的人

读医学系前，我对外科怀有不少憧憬。仔细想想，当年之所以决定考医科，很大一部分是因为高中时看了不少热血医疗剧（好像大家都是这样），不管是怪医黑杰克，口头禅是“我不会失败的”的大门未知子，或是动不动就跟病人说“我一定会救你的”的朝田龙太郎。对我而言，外科医师就是神，是强者，是真正的医师。不管希望多么渺茫，他们总是有勇气挑战新手术，从死神手中抢回每一条宝贵生命。

晚上洗澡的时候，我常常会幻想自己是个霸气十足的外科医师（不好意思，本人偏好在洗澡时幻想）。我会站在洗手台前，做着标准的刷手动作，双手弯曲，九十度举在胸前，对着浴缸帅气地喊着“手术开始”。

或许是想象得太过真实完整了，我开始深信自己总有一天会成为出色的外科医师。

*　*　*

第一次跟刀是在 M2 的暑假。那时院长不知道听了谁的建议，破例开放开刀房让 M2 学生去见习。（注：美国一年级和二年级的学生通常是在学校学习基本知识，三年级以后才有机会去医院见习。）

毕竟机会难得，开放当天我是班上第一个报名的学生，顺利抢到了泌尿外科的见习机会。拿了 OR 班表一看，发现主刀医师是我们医院的大佬，是美国少数可以用“机械手臂”开刀的名医，学生们私下称他为 T-bomb。

为什么叫 T-bomb 呢？因为他的个性就像吃了炸药一般，稍有不顺心就会把人臭骂到崩溃。听说去年有位学长跟完他的诊后，就变得不太说话了，看了很长时间的心理医师才慢慢恢复正常（真心不骗）。T-bomb 对学生很凶，不过对病人很好，他最擅长的是“微创手术”，在不开胸、不剖腹的限制下，切除肾脏肿瘤，让病人在二十四小时内就能顺利出院。

二十四小时耶！

你知道这是多么夸张的数字吗？别人开相同的刀都至少要住院一个星期，他老兄开的病人二十四小时就可以下床走动。

你说他强不强！

也因如此，他的病人非常多，要当上他的病人不光是要有钱而已，上辈子可能还得敲坏不少木鱼，烧上不少好香，才有可能被他老人家划上一刀。

* * *

“威廉，明天我要去开刀房见习，有没有什么要注意的地方？”威廉是高我一届的学长，是土生土长的美国南方白人，他的个性平易近人，偶尔会乱开个玩笑，说话带有浓浓的南方口音。

“你明天要跟谁的刀？”

“T-bomb。”

“什么手术？”

“局部肾脏切除术。”

“嗯……第一次跟刀就碰上 T-bomb……”

“……怎样？”

“良心建议，病人的病史一定要熟读。T-bomb 会随机抽问病历问题，如果答不出来会死得很惨。”

“这么严重啊……”

“无菌控管一定要做好，帽子、口罩、鞋套要戴……”

“这些我知道，你当我没念过书吗？”

“千万不要掉以轻心，即使不在手术台上，也要提高警觉。平时看起来 no problem 的小错误，一不小心也有可能造成不可逆的结果。”

“这么恐怖啊……”

“切记，千万不要碰任何东西，尤其不能碰绿色或蓝色的布，无菌区一旦被感染就麻烦大了，不要太有自信……”威廉露出诡异的微笑。

* * *

早上七点整的手术，我五点就到了。

进开刀房前还刻意检查了衣着，确定服装合格后，才敢踏进房间。或许是因为太早来了，开刀房里一个人也没有。本来想找张椅子坐下，不过开刀房没有椅子（也对啦，外科医师好像都是站着开刀），我只好站在角落发呆，默默等候医护人员出现。

六点左右，一位看起来很资深的学姊走了进来。

“你好，我是医学生小百合。”我赶紧上前打招呼，做个自我介绍。

“唉……医学生啊……”学姊瞄了我一眼，“第一次来开刀房吗?”

“是啊!”（啊啊，有这么明显吗？）

“很好。那个，学姊对你的要求不多，你只要不挡路、不乱碰东西、不碰无菌区，学姊就很满意了。”

“学姊，你放心，这些我一定做得到!”学姊，你未免也太小看我了吧，好歹我也是个认真努力的乖宝宝好学生，不可能犯这种天兵等级的错误啦!

“是吗?”学姊又瞄了我一眼，“请重复一次我刚刚说的话。”

“你要我不挡路，不乱碰东西，不碰无菌区。”

“很好，所以你该做什么?”

“什么做什么?”

“唉，”学姊叹了口气，“可以请你不要站在这里吗？这里空间有点小，我要 setup 器材。”

“啊啊啊，学姊对不起!”搞半天，原来学姊是在暗指我挡路啊！可恶，外科的人讲话都这么迂回吗？为什么不直说!

我赶紧往旁边一跳，整个人（呈缩小状）往空旷处躲去。接下来的时间我依然站在角落，看着学姊套上无菌外袍、戴上无菌手套，从无菌盒中拿出手术器具，专科护理师则是在旁边拿出一块块蓝色的无菌毛巾，同时清点医疗器材。

没过多久，麻醉师也走了进来，他拿出大大小小的药瓶，用不同颜色的贴纸标明药品，然后用针头取出要用的剂量。在这段时间里，他们各自忙着手术相关的准备，没有打扰彼此，也没有多做交谈，大家专心一致地做好分内的工作。

而我只是在一旁呆呆站着，谨记“不要挡路”这四字箴言。

“学弟，你刚刚做得很好，完全没有挡路。”学姊慢慢地朝我走来，手上拿着一个大号的透明塑料袋。

面对这种反讽式的赞美，我不知道该说些什么，只好回她一个尴尬的微笑。

“有问题现在可以问，等一下 T-bomb 来了就不能问了。”

“咦？T-bomb 不让学生问问题吗？”

“也不能这么说，他只是不喜欢被打扰而已。”等等，这不就是不让人问问题吗!

“这台刀很困难吗?”

“以简单到困难来衡量的话，等级大概是爆难。”

“学姊，你是第一助手吗?”

“我是第二助手，大部分时间只是负责拿镜头还有拉钩，第一助手是另一个学姊。”

“学姊，我知道我很菜，可是有没有什么是我可以做的？一直这样闲闲站着，我觉得有点不好意思。”

“这个嘛……‘开刀’这种事情是急不得的，没有一定年资是没办法上手术台的喔!”

“啊，我不是这个意思，我是说我可以帮忙清理之类的工作。”

“学弟，你这么有心，学姊真的很感动，”学姊拿起手中的透明塑料袋，“不过，在你学会做好无菌控管之前，还是先不要好了。”

“咦？我碰到东西了吗?!”

“你现在站的地方是控制机械手臂的无菌区。”

“啊? 啊!”

“机械手臂的无菌区，是不能有人站在前面的。”

“!!!”

“没关系，学姊不会责怪你，换一个无菌套就好了。”

“对……对不起……”我看着学姊手中的套子。

“这个东西……很贵吗?”

“五百美金左右。”

“……”

“别放在心上，就像我刚刚说的，我对你的要求不多，只要不挡路、不乱碰东西、不感染无菌区，这样就可以了。”

看来，当上外科医师之前，我得先脱离“白目医学生”这个阶段。

* * *

“F**K，现在都几点了，你还拖拖拉拉的在干什么啊?”中年医师一进开刀房就破口大骂，“我不是要你六点半 call 我吗?现在都七点了，你还在这摸鱼!”

“老师，我已经准备好了，病人随时可以进来麻醉。”

“去你的，我不是要你现在好，我是要你半小时前就准备好。这点小事都办不到!”中年医师怒气不息，“今天你休想上刀了。”

“是的，老师。”资深学姊口气镇定，丝毫不受影响。

“我要的东西都准备好了吧?”

“是，2-0 vicryl，3-0 chromic，5-0 vicryl。”

“机械手臂呢?”

“已热机完成，无菌套也安装完毕。”

“嗯。”中年医师点了点头，“麻醉科那里准备得怎么样?”

“二十分钟前就准备好了。”

“很好……”中年医师眼光突然扫向我，“你是谁?”

“我是今天来开刀房见习的医学生，我叫……”（话还没说完就被打断。）

“几年级?”

“二年级。”

“给你一分钟，向我报告病人的病史。”他指着手术室里的时钟，“答不出来就给我出去，还有五十秒。”

还好前一天威廉有特别交代，我赶紧背出病历。

“病人今年五十五岁，有高血压和糖尿病的病史。上个月因为血尿的关系住院，急诊医师做超声波的时候发现右肾有两公分的肿瘤，CT 和 MRI 怀疑是恶性肿瘤……”

“你知道我们今天要做什么手术吗?”

“局部肾脏切除术。”

“为什么要做局部切除术？干吗不全部摘掉算了?”

“肿瘤影响的范围没有很大，加上考虑到病人的年纪和病史，未来肾功能有可能继续恶化，局部切除术对身体的负担应该比较小，也可以保留多一点肾功能。”

“很好，你之前有来过开刀房吗？”

“没有。”

“OK，及格了，你今天跟在我身边，不准乱走。”

他说完之后就坐在机械手臂的操作位，我那时才反应过来，原来眼前这位霸气十足的仁兄，就是传说中的 T-bomb。

*　　*　　*

“我问你，你觉得开刀房里最重要的人是谁？”T-bomb 在上刀前突然问我。

“当然是你啦！”我不是在拍马屁，开刀房里最重要的人当然是主刀医师，执刀技术的好坏对病人的治愈率会产生最直接的影响。

“错！”

“什么！不是主刀医师吗？那是……麻醉医师？”

“也不是！”

“护理师？住院医师？实习医生？”

“都不是！”

“总不可能是医学生吧！哈哈哈哈！”

T-bomb 凶狠地瞪了我一眼，我赶紧收起笑容。

“教授，我不知道。”

“如果你连这个都答不出来的话，你今天就没资格站在这里。”

“教授，请你给我一点时间，我仔细想想。”

“很好，手术结束后我会再问你一次。”

* * *

由于肿瘤长在不易处理的位置，T-bomb 决定让病人用侧躺的方式接受手术。麻醉医师为病人施做全身麻醉后，学姊在病人身后划出几处小于一公分的开口，插入各种对应的管子。每个管子都有不同的功能，有些是机械手臂的接口，有些是 3D 镜头的接口，也有些是吸引器的接口。

放到一半时，T-bomb 又开骂了：

“搞什么啊？放个管子也要这么久，你到底知不知道你在干吗？”

“……”

“快一点快一点，你当住院医师都第几年了，连这点小事都做不好，一定要惹我生气就是了?”

“……”

“×的，这样下去我迟早会被你气死!”

“……”不管 T-bomb 如何吼骂，学姊依然不为所动，只是专心地进行自己的工作。

好不容易一切就绪，T-bomb 终于开始操作机械手臂，在病人身体划下第一刀。这画面有点超现实，因为病人躺在手术室正中央，可是 T-bomb 却坐在手术室的角落。主刀医师跟病人之间隔了好几公尺的距离，不管怎么想，都像是电影情节。手术室里有很多电视屏幕，站在房间的任何位置都可以清楚看到手术过程。T-bomb 真不愧是传说中的名医，操作机械手臂的动作非常流畅迅速，没有丝毫迟疑。

整间开刀房都没有人说话，除了 T-bomb 以外，因为他从开始手术后就没有停止吼骂。

“懂就懂，不懂就不懂，你到底知不知道?”“你的切口在哪里?给我说清楚，你的切口在哪里?”“你过去几年到底学了什么?”“有没有心想当医师?”

凭良心讲，我早听说 T-bomb 在开刀房里非常恐怖，可是没想到他“这么”恐怖。

学姊是第二助手，理论上来说已经非常资深了，不过 T-bomb 完全不留情面，任何一点点的不完美，T-bomb 都会把她骂到臭头。还好，学姊的心理素质超强（还是被骂习惯了？），面对 T-bomb 的辱骂，她照单全收，除了一句“谢谢老师”以外，没有第二句话。T-bomb 虽然对学姊超级凶狠，不过对学生还算友善，在手术空当时还会向我讲解：“这个是肾脏、这个是大肠、这个是十二指肠、这个是血管……”

机械手臂标榜的是“微创”，所以病人身上的“开口”非常小，也因如此，手术的困难度无形中增加了。连要做个简单缝线，都要经过十分复杂的过程：一、缝线由护理师交给学姊。二、学姊用特制的夹子固定缝线。三、学姊通过管子把缝线放入病人体内。四、学姊在病人体内把缝线递给 T-bomb 操作的机械手臂。

看着这种高难度的手术，我不禁心想：要成为像 T-bomb 这样优秀的医师，不知道要苦练多少个小时，付出多少心血，才可以达到这境界。

“看到了吗，这就是肿瘤。”T-bomb 用手指着屏幕，“我现在要用超声波来扫描肿瘤的大小与深度。”

“肿瘤看起来好像比之前预估的大一点。”我比对了一下之前的影像。

“没有错，所以这一步非常重要，不知道肿瘤大小的话，手术是不可能做好的。我问你，下一步该怎么做?”

“应该要……切除肿瘤?”

“没错，这里是最关键的地方，我接下来要在‘限血’的状态下进行手术。”

“老师，请问这是什么意思?”

“白话一点就是要暂时阻断肾动脉的供血，让肾脏进入缺血状态，这样切除肿瘤时才不会大量出血。”

“可是，如果停止肾脏供血，肾脏不会缺血吗?”

“会，所以手术时间不能拖太长，文献建议‘切除肿瘤到缝合完毕’最好要在二十分钟内完成。”

“二十分钟啊……”

T-bomb 指了指定时器：“我们就是要跟时间赛跑。我要在最短的时间内切除肿瘤，完成手术。如果一切顺利的话，保留下来的肾脏组织应该不会受到任何损伤；如果超过预定时间的话，肾脏有可能会完全坏死。”

“坏死的话怎么办?”

“如果另一颗肾脏状况也不佳的话，就只能终生洗肾了。”

“……”

T-bomb 这时站起来，扭了扭脖子，凹了凹手：“现在时间是八点整，计时开始。”

手术室的气氛跟之前完全不一样，整间开刀房只有 T-bomb 和学姊在动手，其他的护理师、麻醉师还有技师都在一旁静静地看着电视屏幕。

“经过五分钟，还剩十五分钟。”护理师给大家报时。

T-bomb 这时已经切除肿瘤，正在仔细检查标本，确定完全切除才开始缝合。

或许是因为要跟时间赛跑的缘故，T-bomb 用着快到夸张的速度缝合。我没操作过机械手臂，所以我不清楚“快速缝合”有多么困难，不过 T-bomb 缝合的速度比我“绑鞋带”还快。我想，光凭这一点，就足以令我佩服得五体投地。

“还有十分钟。”护理师做了第二次报时。

T-bomb 看起来已经完成大部分手术，应该没有什么问题了。

“啊！”护理师这时突然叫了出来。

原本应该沉睡的病人，不知道为什么，整个人在手术台上稍

“眼前病人的健康
是我们的唯一目标。”

稍扭动。大家都慌了，学姊下意识地按住病人，护理师按着双脚，麻醉师则是忙着抓紧氧气插管。

“大家不要慌。”T-bomb沉稳的声音从后方传来，“麻醉师，请你继续为病人做全身麻醉。护理师，请你保持病人呼吸道畅通，需要back up跟我说。”

过了一阵子，病人状况回稳，学姊也放开了病人。

T-bomb看了看时间，下达指示：“现在是八点十六分，还剩下四分钟。刚刚缝合的过程出了点问题，伤口又开始流血，所以最后的几个步骤我想重做。”他顿了一下，接着说：“我们是最优秀的团队，有最棒的麻醉师、护理师和住院医师，我认为四分钟的时间非常足够。希望大家可以协助我完成手术，让这位病人保留肾功能，顺利出院。请别忘记，眼前病人的健康是我们的唯一目标。好，大家专心，把握时间，开始！”

* * *

“十九分三十五秒，缝合完成，肾脏恢复血液流通。”T-bomb冷静地宣告。

苍白的肾脏这时慢慢变红，缝合的伤口没有任何出血症状，在场的医护人员这时都露出如释重负的表情，就连 T-bomb 也呼了一口气。

“不满意，但勉强还可接受。”他对着我笑了笑。

“老师，我想我知道答案了！”

“什么？”

“你之前问我的，开刀房里最重要的人是谁？”

“是谁？”

“是病人。开刀房里最重要的人是病人。不管医师多么出色，护理师多么优秀，如果病人没有复原的话，一切都是空谈……”

“很好，正确答案。”T-bomb 脱下眼镜，“我说你啊，有没有兴趣来外科发展？”

医师，我老婆要生了

医院大门突然冲进一个神色紧张的男人："医师，我老婆要生了！"

"在哪里？"

"外面出租车！小孩的头已经出来了！快啊医师！"

学长一听，二话不说直奔大门，以百米跑的速度冲到出租车前："我是医师！大家不要乱动！"

学长打开车门，翻起病人长裙，迅速脱下病人内裤……

然后，学长就发现

他上错车了……

他上错车了……

他上错车了……

孕妇在另一台车上。

病理科的黑色幽默

实习的时候我去病理科待了一个月。这其实是件很特别的事，因为医学生通常不会去“病理科”这种冷门科系实习，而会选择皮肤科、骨科、眼科等热门专科。

大众可能对“病理医师”不太了解，常常会误以为是医检师、化验师或是研究人员，有些人还会把病理科医师跟怪咖画上等号，认为不会说话、不会沟通的人才会跑去读病理。其实在医院里，病理科医师往往被视为“医师的老师”，碰到无法诊断的病例，病理医师往往是做出最后诊断的强者，是最后一道防线。

他们做出的最后诊断，是不会有人质疑的。

黑色幽默你懂吗？

来病理科实习的第一天，有点惊讶，因为我发现病理科竟然不是设在阴森的地下室，而是设在阳光充足的十四楼（大家总是认为病理科就应该设在阴森的地下室）。

负责带我的住院医师是一位眼睛小小、身体胖胖的亚裔美国人，她的英文说得非常好，说话方式又非常美派，大概是土生土长的美国香蕉（注：指的是在美国土生土长的亚裔，外表是“黄”的，可是内心是“白”的）。

“学弟，你怎么会想来病理科见习？”

“因为对病理科有兴趣啊！”

“哈哈哈，少来。你可以跟我说实话，哪有正常人会对病理科有兴趣啊？老实说，你为什么想来病理科见习？”

“……学姊，我真的是对病理科有兴趣。”

“喔……”学姊仔细地打量我一下，“看不出来你也是个怪胎。好吧，那今天早上我负责外科病理 grossing，你慢慢学。”

Grossing 的中文翻译是“标本处理”，顾名思义，就是要检视大大小小的器官标本。我们医院规定任何被外科医师取下来的“器官”都要做病理检查，常见的器官是“癌症标本”，像是肝脏（肝癌）、肠胃（胃癌、大肠癌）、乳房（乳癌）等；或是移植手术标本，像是心脏、肺等，偶尔也会看到被切除的手指、脚趾甚至一整条腿。

学姊看的标本多了，处理时几乎没有什么反应。不过，对于第一次看到这么多标本的我来说，心中的震撼是很难用言语形容的。

“小百合，你在发什么呆啊？赶快来 give me a hand!”

“喔!”

正当我卷起袖子，戴上手套，准备和学姊一起 grossing 时，学姊在一旁笑弯了腰。

“我是说，请你‘递给我那只手’的标本啦！哈哈哈，这个梗我埋了这么久，今天总算是用到了。”

“……”

这种黑色幽默，或许是病理医师的必备条件之一吧！

* * *

“小百合，你知道标本处理的第一步是什么吗？”

“嗯……是记录外观吗？”

“Bingo！不过你只说对了一半，我们除了要描述外观及拍照以外，还要量尺寸、称重、清理缝合线跟金属钉、染色，这些全部做完以后，才能把标本切开。”

“染色?”

“没错，不然我哪知道外科医师的‘手术切面’在哪里。你看，现在我在这切面涂上染料，这样测量肿瘤到切面的距离就方便多了，如果少了这个步骤，很容易会遗失珍贵的‘手术切面’。小百合，如果我看到肿瘤在染料上，这代表什么意思?”

“嗯，这就代表有肿瘤在外科医师的切面上，也就是说，肿瘤还残留在病人体内?!”

“没错，碰到这种情况，我们会直接通知外科医师，请他们评估是否要为病人进行第二次手术！染色这步骤一定要格外仔细小心，如果染色时不小心涂错了地方，或是遗失了切面，绝对会造成难以挽回的悲剧。”

学姊接着拿出一小瓶染料，仔细地在标本上涂色，不知情的人还以为是在进行某种艺术创作。

“再跟你强调一次，Grossing 是一次性的，你一定要记得，标本一旦切了就没办法复原了。”

接着，学姊拿出刀柄，慢条斯理地装上一片细长刀片，然后摆出电影《追杀比尔》(Kill Bill) 女主角的招牌姿势。

“切标本时要尽量切薄一点，小于 0.5 公分最为理想，如果切得太厚，比较小的病灶就有可能‘藏’在里面。嗯，这标本看起来很新鲜，下刀一定要快狠准，不能有丝毫犹豫……啊哒哒哒！”

刀光闪过，“唰！唰！唰！”，眼前新鲜的标本就被切成细细的薄片。

“哎呀，我不去当寿司师傅实在是可惜了。”学姊拿起细如纸片的标本，“学弟，怎么样，要不要来切切看？”

* * *

“学姊，为什么标本室的窗户都是锁起来的啊？”跟着学姊grossing了一段时间，我开始怀念起外面的新鲜空气。标本室里福尔马林的味道很重，搞得我每隔几分钟就忍不住想打喷嚏。

“不好意思，标本室的窗户绝对不能打开。”

“为什么？”

“前辈规定的，”学姊露出神秘的表情，“这里很多年前曾发生过恐怖的……事件。”

“呃……难道……有……‘好朋友’……在这里？……”病理科配上鬼故事，令人不禁产生无尽想象。

“不要随便脑补好吗？我们医院的病理医师活得很开心，没有人想不开啦！”

“那还能发生什么事情？”

“很多年前有个学长在值班……”

“嗯……”

“那时候刚好碰到病理会议，所以医院的其他病理医师都不在，只有学长被留下来，一个人处理全部的标本……”

“嗯……”

“好死不死，前一天的 OR 开了很多大刀，所以那天他有很多标本待处理，一个人从星期五晚上忙到星期六凌晨，处理了好多好多标本，有大肠标本、胃标本、肺标本、心脏标本、肾脏标本，还有很多胚胎标本……”

“嗯……”

“正当他在处理最后的乳癌标本时，电话响了！”

“电话？”

“是啊，电话。半夜打来的电话通常是急事，所以学长赶紧跑去标本室门口接电话，不过他人还没踏出标本室时竟然看到了……”

“看到了什么？”

“看到了他这一生看过最恐怖的画面……”

“是什么？”

“是海鸥！他看到了一只海鸥！！！”

“海鸥？很恐怖吗？”

“很——恐——怖！因为海鸥叼着学长刚刚正在处理的乳房标本！”

“……然后呢？”

“然后，海鸥就叼着胸部飞走了……”

“……”

“……”

“学姊，这么唬烂的故事，你觉得我会相信吗？”

“学弟，我跟你说，在这间医院里，没有什么事是不可能发生的……”

学姊看着标本室旁边的大水槽：“难不成上次有人不小心把大肠标本整个冲到水管里，然后拆水管弄了一个晚上才挖出来，这件事也会是假的吗？”

Yo，yo，yo！我们是病理科！

“学弟，这是这星期的值班表。”

“什么！病理科假日也要值班？”

拿到值班表时，我着实吓了一跳。内外妇儿这种大科周末要值班就算了，没想到病理科也要值班，这会不会太没有天理了？

“请问值班要做什么？”

“其实也没什么，就是去手术室晃一晃，拿些标本回来处理一下而已，第一天值班我会带你一起，不用担心。”

“请问需要在医院过夜吗？”

“放心，一定会让你睡饱的，这是病理科，又不是外科，不会有什么紧急状况的！”

学姊的话听起来很诚恳，当时我就这么傻傻地相信她了，没想到，这竟是一连串噩梦的开始……

* * *

周末一大早，学姊跟我约在手术室外见面，她穿着隔离衣、围着白色围裙、戴着口罩、推着手推车，猛一看有点像是贩卖营养午餐的餐厅阿姨。

“学姊，你这身打扮是……”

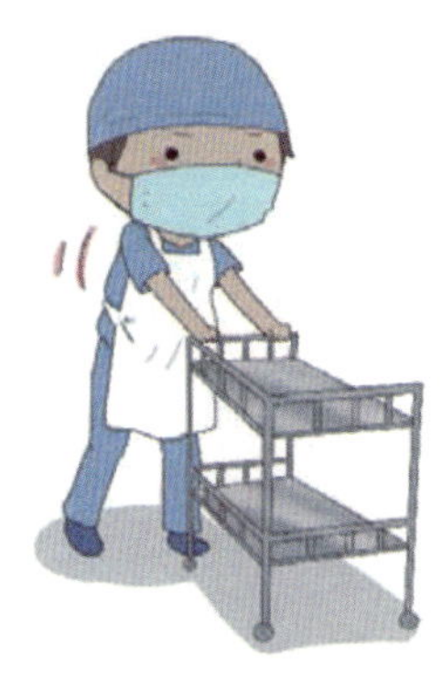

“很可爱吧！”

“呃……嗯……这个……”

“就当你说 yes 了，走，去冰箱！”

等等，冰……冰箱？我们不是要去开刀房吗？

“学姊，我以为我们要去开刀房耶……”

“是啊，不然你以为要去哪里？”

“那你刚刚为什么说冰箱？”

“喔，这个嘛，我们要去的是开刀房的冰箱啦！”

“什么意思？”

“你认为外科医师切下来的标本要放在哪里？”

“不是直接送病理科吗？”

“那是一般工作日，不过今天是星期六，医院没办法请人送标本给病理科，所以只好全部冰在冰箱，我们再自己过来拿。”

原来如此！看来医院的冰箱不是用来冰食物的，以后还是不要乱开比较好。

就这样，我们肩并肩推着小推车，花了大半天逛遍医院各大

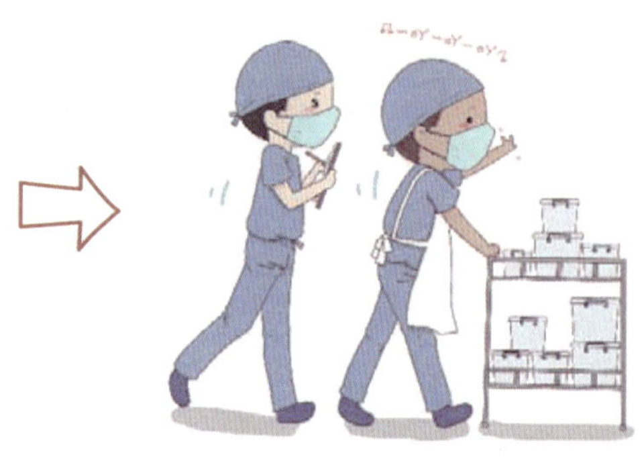

开刀房……的冰箱。这本来应该是件轻松惬意的工作，不过学姊签收时的“SOP”让我有点小尴尬。基于某种不确定的原因，学姊从冰箱签收标本时，非常坚持要用“rap”的方式进行。

“Yo，yo，yo！我们是病理科呦！Yo，yo，yo！现在是七点五十分呦！Yo，yo，yo！我们推车来到了肝胆外科冰箱呦！Yo，yo，yo！签收一个肝呦。”

“……”

“学弟，你不跟着一起唱，气氛很容易僵掉，来，举起手跟着我一起唱‘我们签收一个肝呦’！”

“……签收一个肝呦！”

“Good job！Yo，yo，yo！”

一开始还挺好玩的，不过过了一阵子，我觉得快要濒临崩溃了。

“Yo，yo，yo！病理科呦，时间来到七点五十五分呦，病理科小推车来到肠胃科了呦，签收一个大肠呦！”

“……签收一个大肠呦……”

“Yo，yo，yo！我们是病理科呦，八点十分了呦，泌尿科有标本呦！签收一个小鸡鸡喔……”

“签收一个小……学姊，我们可以不要这样吗?”

“咦，怎么了？签收时不说出来，万一出错怎么办？标本遗失可是件大事!”

“我知道，可是……我们真的有必要用‘唱’的吗?”

“喔，这个啊，没必要。不过这是我的兴趣，所以学弟你就跟着一起唱吧，签收一个小鸡鸡喔!”

“签……签收一个小……鸡鸡喔……”

可以借我冰条腿吗?

“今天就到这里，明天值班就交给你处理啦!”

忙了一整天，我们终于处理完大包小包的手术标本，把剩下的标本泡进福尔马林，一转眼竟然已经晚上九点了。

“明天我也要来取标本吗?”

“不用不用，星期日算是非常轻松，什么事都不用做。”

“那会有人 call 我吗?”

“除非有急刀，否则不会有人 call 你的。”

“要在医院过夜吗?”

“不要离医院太远就好了，唉呀～不会有人 call 你的啦!”

“可是，万一有标本要处理怎么办?”

“星期日的标本不用马上处理，你只要找一个冰箱冰起来就好了，很简单吧!”

“那万一……”

学姊突然打断我：“安啦，没有人会在星期日 call 病理科的，我在这里待了这么久，可是一次都没发生过喔！Don't worry，be happy！星期一见！Have a nice weekend!”

学姊说完就一溜烟跑开了，留下我一个人看着手中的 call 机，默默祈祷它明天不要乱响。

不过，你越不希望发生的事情，它就越有可能发生（这就是人生啊）！星期日早上七点，万恶的 call 机就这样毫无悬念地响了……

“哔哔——哔！哔哔——哔！哔哔——哔！哔哔——哔!”

“……这里是病理科，有什么事吗?”

“我是开刀房的护理师，有标本要请你来处理。”

标本？学姊不是说星期日不用处理标本吗？

“星期日的标本放在冰箱就可以了，我们明天会派人过来拿。”

“不行，这行不通。你现在就得过来！”

“为什么？是 emergency case 吗？”

“是。”

“请问是什么原因？”

“电话里不方便说，你过来看看就知道。”

这么厉害？看来我一定得跑一趟了。

“好，你等我，我现在过去。”

十分钟后，我赶到开刀房，气喘吁吁，汗如雨下。

“我是刚刚被 call 的值班医学生，请问标本在哪里？”

护理师上下打量了我一番，领着我走到外科开刀房，指着一个半开的冰箱。

“在里面。”

“请问是什么部位的标本？”

“一条右腿。”

“喔……等等，这为什么会是 emergency case？腿放在冰箱就可以了啊，明天再处理不就好了？”

“不行，不能等到明天，”护理师表情凝重，“因为冰箱门关不起来。”

“……”

我看着半开的冰箱门，提起标本（一条超重的右腿），换了几个摆法，还真的塞不进去。

“呃……好像真的没办法耶。”

“本来这样放着也不是什么大问题，不过，这个标本在病人身上时就开始有点腐坏了，味道不是很好。你知道的，如果我们放任它在室温里摆一整天，嗯，开刀房的人应该会很想死。”

“……我明白。”认真一闻，果然有一股浓浓的腐臭味，有点像是酸掉的臭豆腐加上垃圾车的味道，连我一个礼拜没洗的袜子都比这好闻多了。

“所以我们最后决定请病理科把标本取走。”护理师做了结论。

“但……病理科星期日通常不处理标本的……”

“也不能放任标本继续腐烂下去吧？请你想办法。”

“嗯……请问有其它大一点的冰箱吗？”

“我们这一层楼没有，说不定其它栋有，你可以去找找看。”

于是，那个星期日早上，我一个人双手抱着一条腐坏的右腿，开始在医院“挨家挨户”地努力寻找传说中的“特大号冰箱”。

虽然星期日早上病人不多，走廊上也没有什么人，不过我手中的标本有点“明显”（任谁看了都知道这是一条腿），而且一个人这样在医院晃荡也不是办法。为了避免吓到无辜的路人，我找出学姊爱用的手推车，用布盖着标本，一层楼一层楼地一一询问。

“你好，我是病理科的……这个，你们有大冰箱吗？”

“你好……呃……我有一条腿，有没有地方……”

“你好，嗯……可以让我借放一个臭臭的标本吗？……”

请原谅我如此不假思索的问法，毕竟当时我完全笼罩在恶臭中，说话无法深思熟虑，而且一个人推着一条腿，不知该如何是好，几乎快要濒临崩溃了。想当然耳，没有病房愿意让我借放这

个标本，不是推说“需要请示上头”，就是直接说“不方便”，我就这样一人一腿地在医院逛了两个小时。

经过无数次被拒绝和无数次被翻白眼后，我来到了学校的大体解剖室。

“如果你不能帮我，那我只能哭给你看了……”我泪汪汪地跟里面的助教解释这条腿的来历。助教或许是出于同情吧，听完事情的来龙去脉之后，二话不说，就让我借用大冰箱了。就这样，历经千辛万苦，我总算为这条右腿找到了栖身之处。

* * *

“学弟，你星期日被 call in 了对吧？听说是一条右腿？”

“……”

“好啦好啦，不要生气，这种事一生中碰不了几次啦！哈哈！”

“……”

“说到这个……”学姊警觉地看了我一眼，“你最后把标本

放去哪里了？”

“解剖室的大冰箱。”

“解剖室？”学姊眉头一皱，“他们没有冰箱啊，只有冰柜耶！”

“什么意思？”

“意思是，冰箱是4℃，冰柜是零下4℃。”

“所以？……”

“所以，如果把标本放在零下4℃的冰柜一晚，你觉得会发生什么事情？”

“嗯，好像会结冰？”

“嗯，标本万一结冰，你觉得我们要怎么做切片？”

“呃……”此时我的额头冒出不少冷汗，“难不成我们要拿出来解冻？”

学姊叹了一口气：“是啊……看来只能这样了……”

听说接下来的一个多星期，十四楼整层都弥漫着令人作呕的酸臭味，学姊更屡次向人哭诉味道停留在她身上长达一个月之久。

Billie Jean is not my lover～
She's just a girl who claims
that I am the one～

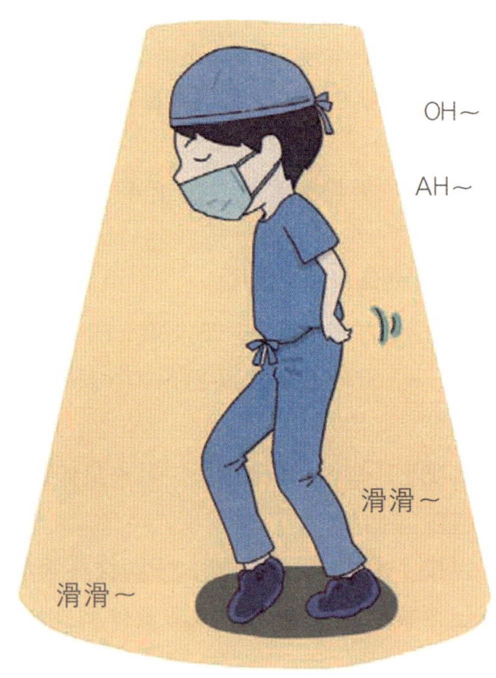

那当然是先来个月球漫步……

台湾医院实习记

在美国实习了一段时间，某天突发奇想：如果可以在台北医院见习的话，该有多好（玩）啊！一想到蚵仔煎、珍珠奶茶、小笼包、盐酥鸡等小吃，我就食指大动，于是我下定决心：只要我还有一口气在，我就一定要回台北当交换医学生！

台北，我回来啦！

我是个行动派的人，说到做到，马上杀去院长办公室。

“院长院长，学校四年级学生有选修课程，对不对？”

“是啊。”

“请问选修课程可以在其它学校进行吗？”

“可以啊！”

“那……可以在美国以外的学校进行吗？”

“美国以外……等等，你想去哪里？”

“院长，我是这样想的，我们学校的医学生训练都在美国医院，我认为这对于一个医师的培养是不够完善健全的，现在是国际化的时代，如果不去世界上的其它国家多加交流的话，我们是不会进步的！我希望我能代表学校去外国医院实习，这样对于学生本身的成长和学校的名声都会有正面帮助。”

你看看，我为了回台北学习（玩），什么冠冕堂皇的话都说得出口。不过，院长也不是省油的灯，没那么容易就被我唬过去。

“你到底想去哪里?”

“台北的 N 大医院。”

“台北?”院长把眼镜拉了下来，给了我一个高深莫测的眼神，“我们学校的学生好像没有去过台北的喔。”

“院长，没有先例不代表不能啊！你不是常跟我们说只要有心，Anything is possible!”为了我的珍珠奶茶、盐酥鸡，我可是豁出去了。

“好吧，我明天开会跟上头讨论一下。你写篇一千字的报告书给我，说明为什么一定要去 N 大医院见习。如果写得好的话，我可以考虑。”

一千字的报告，一个下午就打好了（你看我多有决心）。内容聚焦于介绍 N 大医院闻名国际的医疗实力，以及台北便宜又

“为了我的珍奶、盐酥鸡，
我可是豁出去了。”

有效率的医疗保险。我从肝脏移植谈到整形外科，从医学制度写到研究系统，文章写得声情并茂，写到后来都觉得如果学校不让我去真是太说不过去了。

隔天，院长寄给我通知讯息：我们学校目前没有让学生去“非姊妹校”医院见习的制度，关于这一点，我很抱歉。我会在下次会议帮你发出特别提案，一有消息会立刻通知你。

我是个相信“行动成就结果”的人，看到这封信之后，我马上又写了一篇文章，向上头表明我想出国见习的决心。

皇天不负苦心人，等了一个多星期之后，学校终于发下通知：批准小百合去台北医院见习一个月。

* * *

搞定美国这关之后，接下来就要想办法联络台北 N 大医院那边了。本来以为申请程序会很复杂，没想到出乎意料的简单。台湾的教学医院普遍愿意接受外国医学生见习，只要成绩不太差，通常都有机会录取。我的运气不错，申请 N 大医院后就收到录取通知了。

办好手续后，打电话跟老爸报告（他是最后才被告知的人）。

“老爸，我申请到回台北见习的机会了。”

“台北？你要回台北见习？怎么这么突然？”

“我想回来一个月，看看台湾医院不一样的地方。你觉得我该选哪一科？”

“这个嘛……我想想……台湾的大科很操，你应该会撑不住……”

“怎么这样说！我才没那么草莓呢！”（其实就是。）

“放射科如何？”

“放射科！为什么？”

“不管你以后想走哪一科，X 光片的判读能力是必备的，这是基本功，学好之后将事半功倍。再说，你在这一科大概不用值班，晚上可以回家睡饱，假日也可以出去玩，这应该才是你的真正目的吧？”

不愧是老爸，完全看穿了我的动机。难得老爸给了这么中肯的建议，我于是申请为期四个星期的放射科见习。

见习医学生报到！

第一天报到，我特别打扮了一下。院长再三交代“出国要注意形象，不可做出有辱学校形象的举止”。(我是有让你们这么担心吗？)所以我穿上最干净的衬衫、未起一丝皱褶的整洁长裤，打上新买的蓝色领带，套上认真洗过的白袍，早上七点整出门搭捷运去 **N** 大医院。

上了捷运才发现路人一直盯着我瞧，过一阵子才明白他们是一直盯着我的白袍瞧，原来“穿白袍”搭大众交通工具是不妥的！在美国(至少在我们学校)，医学生穿白袍坐公交车或搭地铁是没问题的，唯一不能从医院穿出来的是“刷手衣”，毕竟那有感染风险。不过，台湾人好像认为只要是“白袍”就等于“不干净”，所以不少人对我投以“关切”的眼神。理解这点之后，我赶紧脱下白袍并收进背包里。

好不容易到了医院(我是路痴)，走进去之后有点惊讶，奇怪，怎么没有人拦住我？美国医院的入口都有保全看守，基本上，没有识别证是不太可能走进医院的，就连病人要去看病，也得拿到“通行证”才行。刚刚我在完全没有被拦住的情况下走进医院，顿时有点不习惯。

“同学，需要帮忙吗?”一位看起来很友善的阿姨向我问话。

“啊，你好。我想去系办报到。”

“系办啊? 我带你去好了。”

“不用不用，我自己去就好了，请你跟我说一下大概位置。”

“没关系没关系，用说的说不清楚，我带你去好了。”

“啊，真的不用麻烦了啦！”

“不会不会，来，我带你去！”

后来我才知道，这就是传说中的“志工阿姨”。我是路痴，不管走到哪里都有可能迷路（这是事实），在大医院我一天几乎会走丢个两三次（不夸张）。在美国医院迷路时，我通常会问保全怎么走，不过很多时候他们都是一副爱理不理的样子。不过，在台湾完全不用这么做，我只要站在地图前露出困惑的表情，几秒钟内就会有热心的志工过来救我（啊啊我的勇者）。多亏他们的协助，我在台湾见习时从来没有迟到过。

到了放射科后，直奔办公室，一进去就看到个子高高的女生坐在计算机前。她看起来非常年轻，身上又穿着短白袍，我直觉判断是 M3 医学生。

“哈啰，你也是来放射科见习的吗？”

女生看了我一眼，露出困惑的表情：“请问你是……”

“不好意思，我是小百合，我是从美国来这里见习的医学生。”

“喔喔，是你啊，我知道，助教有跟我说你会来。你中文说得不错耶！请等一下，我找一下这星期的班表。……OK，今天你要跟学长一起看心脏 CT 片子喔！”

“谢谢你，请问大概在哪里呢？”

“你不知道地方喔！没关系，我带你去楼下。”

下楼梯时，我和她聊了起来。

“放射科很辛苦吗？”

“对见习生来说算是很轻松的，通常可以准时下班。”

“太好了，我有很多地方想去呢！来放射科这种凉科，就应该抓紧时间去玩，你说对吧？”

“其实也没那么凉啦……”

“怎么了，你今天有很多事情要忙吗？”

“有啊，有很多报告要打，还有报 presentation，等一下还要排班表。”

“咦，台湾的见习生要打报告喔？美国的报告几乎都是交给住院医师打耶！”

“台湾的报告是交给住院医师打啊！”

“原来台湾也是一样啊……等等！”我惊恐地看了她一眼，“你是住院医师？”

“我是总医师。”（微笑。）

总——医——师！

没想到这位年纪看起来超小的女生是总医师！难道台湾的医师看起来都这么年轻吗？（还是我看起来太苍老？）

在这里为不熟医院制度的读者简单介绍一下，总医师是医院里所有住院医师中阶级最高、负责的事情最多，同时也是拥有权力的医师之一。在美国如果不小心得罪了总医师，医学生接下来的日子通常会过得很痛苦。

"学姊，你你你怎么会穿短白袍?"我记得美国的见习医学生穿的都是短白袍，住院医师则是穿长白袍。总医师穿短白袍是哪招啊!

"在台湾，见习医学生、实习医生、住院医师穿的都是短白袍，只有主治医师会穿长白袍喔!"

"那学生要怎么分辨谁比较资深啊?"

"台湾的学生好像都不会认错耶。"

"学姊，对不起，请原谅我刚刚的失态……"

"没关系啦，我很清楚你选择来这里见习的原因。不过，既然来了就好好学习吧！当然，下班之后更要把握时间去玩。"

"谢谢学姊……"

没想到，见习第一天就以这种方式认识总医师，而且还做出了白目宣言，看来接下来的日子应该惨了……

装弱的艺术?!

实习的第一堂课是要学习判读胸腔 X 光片，对大部分医师来说，算是基本中的基本。不过，基础归基础，片子判读起来可是一点也不简单，许多老师几秒就能看出的明显肿瘤，我看了几十分钟还是搞不清楚前后左右。

老师解说了一个多小时后，突然投下了震撼弹："我存了一些不错的教学片子，接下来请各位医师发表一下自己的看法。"

啊啊啊，终于来了！台湾版的 pimping!!! 美国学生被 pimp 时如果答不出来的话，通常会被教授电得飞高高，不知道这里的情况会是如何。

这时台下一片死寂，感觉没有人想上台讲解。这点倒是跟美国不太一样，因为美国人一有机会就会力求表现，就算不知道答案也无所谓。大家就这样大眼瞪小眼了几分钟后，老师目光一扫，点到坐在我身边的女学生。

"来，同学，你说说看，这张胸腔 X 光片有什么问题?"

女学生站了起来，看起来神色紧张：

“呃……这个……我想……嗯……”

“……”

“……可能在……嗯……”

“……”

“……我认为……耶……”

“……”

听到这里我不禁替她紧张起来，手心也冒出冷汗。万一答不出来怎么办？老师会不会把她电得很惨？

她看起来毫无头绪，一个人在教授跟所有同学面前苦思。我是否要站出来帮她呢？（尽管我完全不知道答案。）

正当我在思考要不要帮她回答时，女学生答题了！

“肋骨上的白点看起来很像肿瘤，如果没有癌症病史的话，我会建议做个计算机断层扫描，这是要注意的地方。”

“同学你说得很好，这是肺癌转移到肋骨的病例。这个一般医师很难看出来，不过仔细看的话还是可以的。那，我们来看下一个 case……”

等等，发生了什么事？为什么她可以从“毫无头绪”直接切换出“正确答案”？她是怎么看出来的？我望向周遭的医学生们，可是没有人显现出丝毫惊讶的表情，仿佛这种情况再正常不过。

* * *

“我说小李，刚刚那位女同学是怎么知道答案的？”小李是这个月被安排在放射科的实习医生，我们约好等一下要一起吃饭。

“什么怎么知道？她就是看到肋骨上的肿瘤啊。”

“咦，一开始就看出来了吗？”

“大概吧，肿瘤的位置挺明显的。”

“……那为什么要等那么久才答题？”

“咦，美国人不会这样吗？”

“不会什么？”

“装弱啊！”

“啥，装弱？为什么？”奇怪了，学生在教授面前力求表现都来不及，为什么反而要刻意装弱？

“如果主动抢着回答，万一答错了不是很糗吗？”

“答错有什么关系？”我几乎天天都答错，而且学生本来就会犯错啊，现在错总比以后错好吧！

“关系可大了，台下大家都在看，答错多没面子啊！”

“所以……你们都知道答案，一开始的迟疑都是装出来的?!”

“也不是每次都知道答案啦，不过，如果没有十足的把握是不会随便答题的。毕竟太嚣张不是好事，一不小心可是会被教授电爆。”

原来如此!

我发现这里学生的课堂反应跟美国学生截然不同。美国学生只要有三成把握(不夸张)就会举手答题了，而且就算全部答错也不会介意（有时候还“越错越勇”）。经常可以看到学生铆起来抢答，然后听到许多异想天开、匪夷所思的答案。这种行为在台湾讲好听点是勇于发言、充满自信、没在怕的，但讲难听点就是白目、嚣张、目中无人。

我想，这应该算是文化差异吧！在美国医院见习期间，我每天都会被老师问问题。不管是解剖学、生理学还是临床医学，只要教授兴致一来，没有什么是他不能问的。如果知道答案，回答起来当然轻松惬意；如果不知道答案，我也不会随便说出“我不知道”这四个字，毕竟说起来很简单，可是听起来的感觉很差。

经常说“我不知道”这句话，会让其他同学认为你程度不够，或是让教授觉得你不够认真。除了成绩会受到影响以外，还有可能会在教授面前黑掉。面对不知道答案的问题时，我的做法是先说一些自己已经知道的部分，借此和教授达到一定程度的互动，之后再慢慢推敲出正确答案。

大多时候，教授问问题只是想知道学生的程度，之后再因材施教。可是台湾的学生很多时候都只是保持沉默，深怕“多答多错”，或是怕被认为是笨蛋。我觉得这有点可惜，因为答题是增进功力的大好良机，很多学生却因为害怕而白白放过了。离开台湾前，我的指导教授感慨地对我说：“这里很多学生的实力是一百分，可是表现出来往往只有六十到七十分；美国很多学生实力是六十到七十分，可是往往可以表现到一百分。”

没有人能永远知道正确答案，放弃答题机会，或许也不小心放弃了可以累积人生经验的珍贵机会。

使命的极限

早听说台湾的医疗极具效率，不过实际亲眼目睹之后，还是觉得深受震撼。

台湾医师一天要看的病人，竟然多到要用三位数的门诊号码牌才能清楚标识。换句话说，如果一天花十个小时看诊的话，在每个病人身上只能花六分钟。这种超快速门诊着实令我大开眼界，甚至无法理解这是怎么办到的。

“台湾医师的问诊怎么可以这么快？”下诊空当我问了小李。

“看久了自然速度会变快吧！”

“那理学检查呢？”

“做重点啊！”

“病历呢？写病历总要花上不少时间吧？”

“可以用缩写。如果真的写不完，看诊完也会留下来补写病历。”

“这样感觉好赶，医师有时间休息吗？”

“休息？连上厕所的时间都没有啊！”

“为什么要这么拼？”

“没办法，病人实在太多了。病人都想来大医院看病，又只愿意看有名气的专科医师，所以老师才会忙成这样。”

“为什么不先看家医科？”

“医界目前正在推动家医转诊制度，不过民众还是习惯直接找专科医师，咳嗽看胸腔内科、胸痛看心脏内科、背痛看骨科、肚子痛看肠胃科……”

“这样好像有点浪费时间……由家医科医师优先处理常见疾病，然后再转诊，这样不是能节省许多时间？”

“理论上是没错，不过很多人都不愿意这么做。”

“美国的医师好像没办法看这么多病人，他们一天最多看十五到二十个病人，一个病人至少花上二十分钟。”

“如果可以的话，台湾医师也想这样做啊……”小李叹了一口气，“我们刻苦耐劳可是世界知名的。”

* * *

除了门诊高效率以外，没想到外科医师开刀也是快得不可思议。

下午跟的刀算是少见的大型手术，恰巧我也有在美国见习过，所以我在心里暗自估算至少要五个小时之后才能回家。准备好长期作战的我，万万没有想到老师两个半小时左右就完成手术了。

由于这过程实在太过神速，下刀之后我问主刀医师：

“老师，这个手术我在美国也有看过，可是从来没见过像你开得这么快的！”

“喔，这个啊，今天算慢的啦！其实两个小时左右就差不多做完了，后来多花了点时间进行额外检查，希望降低并发症的机率。台湾医师除了追求高效率以外，医疗质量也不能够有任何妥协，你说是吧！”

“可是老师，你用的器材好像跟美国不太一样耶……”

“我用的是第一代的器材，你没看过是很正常的，我想你们医院大概是用最新的材料吧？”

“为什么不用新的？是因为第一代用得比较习惯吗？”

“哈哈哈哈，怎么可能，是因为没钱啦！”

“没钱？教学医院竟然会没钱？”

“当然会啊！现在各大医院都经营得很辛苦，不管哪个部门都要节省成本，经费有限啊……”

“老师，你的技术这么好，有没有打算出去深造啊？”

“前一阵子有考虑过，不过后来还是放弃念头了。台湾目前会做这种手术的医师不多，我如果贸然走人的话，医院可是会找不到接班人的。”

“喔喔，那老师你有在培养新的外科医师吗？”

“我想啊，可是大家都被告怕了，老医师现在不太愿意做这种手术，新的医师又不愿意来这里，目前只能靠我们这些中生代苦撑。”

“那……你当初为什么想当外科医师呢？”

“应该是有热忱吧！一开始是觉得很好玩，不过后来发现自己好像做得还不错，就一直做到现在了。”

“听起来很不错。”

“可是，后来我慢慢发现，不管我有多么热血，时间久了还是会被现实环境给压垮的。”说到这里，老师脸上的笑容慢慢消失了。

理想的重量

傍晚，医院来了一位急性脑中风的病人。

遇到栓塞性中风的病人，最重要的是把握“黄金三小时”完成紧急处置，尽速恢复阻塞血管灌流，并且减少缺血区域损伤范围。这一切分秒必争，任何延迟都有可能造成遗憾。值班医师当然清楚其中的轻重缓急，于是在发现症状两小时内就成立了医疗小组，做了理学检查、计算机断层扫描，并且决定治疗方针。本来准备为病人施打“溶血栓剂”，不过病人不久前曾动过其它手术，贸然打“溶血栓剂”有可能造成大量内出血。

正当时间一分一秒流逝，“黄金时间”快要结束的时候，主治医师做了决定：“去导管室，做机械取栓术！”

这时看到放射科老师换上无菌衣、拿起导管，在短短的十四分钟内，取出一块块致命血栓。

“手术过程只花了十四分钟！未免也太快了，这绝对是某种世界纪录啊！”手术结束后，我忍不住和小李一起赞叹一番。虽然我只是个医学生，不过在过去的实习经验里，还真没见过这么神速的机械取栓术。

“老师绝对是世界级的人才，百年难得一见！”

“可是做这种case，不怕脑部出血吗？万一出事怎么办？”我知道机械取栓术的手术门坎很高，稍有不慎就可能导致血管破裂、大量出血，造成不可逆的结果。

“不做手术，病人一定会继续恶化；做了，则是有机会康复。如果是你，会不会想拼一下？”

“嗯，这种高难度的手术，应该有不错的补助吧？”

小李这时突然大笑：“哈哈哈，你太高估台湾的健保制度了。你知道吗？台湾医师做这种case，拿到的钱可是比国外的差一大截喔！”

“那老师为什么还要做这种手术？”高门坎、高难度、低收入，还有可能被告，这种苦差事到底有谁会想做？

小李想了想：“我想，老师应该有他自己的理想吧！”

* * *

“那你为什么想当医师啊？”晚上回家的路上，我忍不住问小李。

“当然是想要救人啊！”他马上回答。

“可是台湾的医疗环境这么险恶，医纠多、工时长，医疗暴

我……是不是入错行了

力层出不穷，健保又如此压榨医师，不会觉得很辛苦吗?”

“当然辛苦啊，我有很多同学都报考了美国医师国考，打算毕业后直接出国深造。”

“你呢? 你也要来美国当医师吗?”

“我想……应该不会吧。”

“为什么?”

“因为我是台湾人啊! 不住台湾要住哪里呢? 当初读医学系就是为了要医治这里的病人，不是美国的病人。台湾是我的家，我希望能留在这里当医师。”

“即使有可能过劳、被告、被打，而且还赚不到钱……这样也没关系?”

“……嗯。”

小李那天的语气，听起来十分坚定，可是他的表情透露出了一丝丝无奈。

医学生的 Before & After

读医学系之前

读医学系之后

学姊临时请我帮忙代班。好死不死，一早 call 机响了。

“你好，我是小百合。”

“这里是儿科开刀房。六号手术室今天有刀，我们想请你们派人过来支持。”

“六号手术室是吧？好，我马上到。”

啊，我没去过儿科开刀房！

没关系，这有什么难的，不过就是去趟开刀房嘛！

先换手术衣！没有其他医师在，只好先跟护理师借她的粉色手术衣。

嗯，粉色看起来怪怪的（我是男生 XD），而且开刀房好像规定一定要穿蓝色的手术衣。

没关系，这有什么难的，我去找个无菌隔离衣不就行了嘛！再加上口罩、帽子、鞋套，这样一定没问题！

“我是小百合，我到了！”

外科医师：“……”

护理师：“……”

小百合：“……”

外科医师：“这他×的死红兔子是谁啦!!!”

护理师：“你真的是医师吗?”

当天，我流下了两行英雄泪。

从此，医院多了“粉红兔传说”。

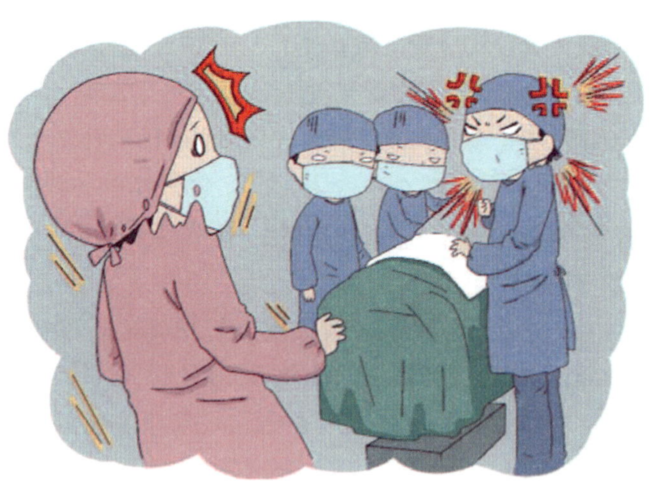

妇科体检课

某天在课表上看到让人眼睛一亮的课“妇科训练。指导员：标准病人”，心想：啥？妇科？标准病人？这是什么？可以吃吗？

小百合：“学长学长，什么是标准病人啊？”

学长：“新来的啊你？标准病人就是演员啦！”

小百合：“演员?！学长学长，我要在演员身上做些什么?”

学长：“妇科训练啦！”

小百合：“什么?！学长学长，那谁是指导教授?”

学长：“废话，当然是标准病人啊！”

小百合（大惊）：“我的练习对象就是我的指导教授?”

学长：“她们不是真的教授啦！通常是家庭主妇，有先上过一些训练课程，主要是教导医学生如何进行妇科检查，并且避免让病人感到不舒服。一般都是六十岁左右的欧巴桑，听说最高时薪有到三百美金喔！”

小百合：“那我也要去当标准病人！”

学长（不屑状）：“……”

*　*　*

上课当天，晚上六点一到，一位年轻金发妹走了进来，身高约一百六十五公分，年纪约二十五到三十岁，穿着蓝色小洋装，气质出众，蓝色眼睛，戴着 Bling Bling 的耳环，还背个名牌包。

小百合：“小姐，请问你找谁？这里是诊间喔。”

金发正妹：“你是小百合吧？我是你的标准病人。”

喂喂喂！不是吧？有这种事?!

金发正妹！

我的天啊啊啊！这真的太恐怖了！尴尬到了极点!!!

不是我假道学、装正人君子，你想想，如果我在触诊时露出怪怪的表情或是产生某种反应，那真的只能一死以证明自身清白了。我想要欧巴桑标准病人啊啊！

小百合（努力保持镇定）：“你好，我是小百合。”

金发正妹："请等我一下，我先去换衣服。我想先以一般的打扮跟你打声招呼，这样之后练习时会比较自然。"

自然个头啦！整个诊间只有你自然，我可是一点也不自然啊！！！

约十分钟后（漫长的十分钟），金发正妹换上了病人袍，坐在诊间的椅子上："现在开始我是你的病人，首先我们要做乳房检查。"

小百合："……"

金发正妹："……"

小百合："请问，我……我该怎么做？"

金发正妹："你要先请病人把袍子脱下来喔。"

小百合（紧张）："呃，请把上衣脱下来。"

金发正妹："不可以这样说。你应该说'请把衣袍褪下到腰间'。'把上衣脱下来'听起来不妥。"

天啊，我哪知道，有谁会知道要这样问？我很紧张好嘛！

小百合："呃，请把衣袍褪下到腰间。"

金发正妹："好的。"金发妹专业地把袍子褪下，袒露着上半身。

我一时慌了，不知道该说什么。

小百合："我现在要怎么做?"

金发正妹："你要形容我的胸部。"

小百合："呃，看起来很漂亮。"

金发正妹："No！不可以这样说，女生会觉得不舒服。"

呜哇，说错话了！正常形容胸部的单词学校没教啊！

小百合："对不起，我……我不会形容。"

金发正妹："你可以说很'正常'、很'对称'、像'水滴形状'之类的。"

小百合："我知道了，你的胸部很正常、很对称。"

金发正妹："你跟我说话时应该要看我的胸部喔，外观检查是很重要的一环。"

妈啊！我长这么大从没听过这种要求，当下都可以感觉到我耳朵发红了。

小百合(盯着一对胸部)："很……很正常、很对称、很像水滴。"

金发正妹：“Very good！接下来我们要做乳房触诊检查。”

触诊……触诊！！！哇哇哇哇哇呜啊哇呜啊！！！（晕厥）

好啦！之后的事其实还蛮正常的，基本上就是用两根手指从锁骨按到腋窝中线再到胸部下方，利用一连串的圆圈，由外向内检查。手指轻轻地下压皮肤，指腹顺着直径大约半英寸的小圆圈转动，沿着整个乳房外围绕一圈，一点也不奇怪，好吗！

金发正妹：“你在触诊时要跟病人说什么？”

小百合：“摸起来很正常？”

金发正妹：“No！千万不可以用‘摸’之类的字，女生会不自在。”

天啊！我搞不懂啊！不然我要怎么说？“抓”起来很正常？

小百合：“对不起，我应该怎么说？”

金发正妹：“你可以说触诊一切正常，没有不规则硬块。”

接着金发正妹穿回了病人袍，正当我庆幸这场噩梦终于结束时，金发妹开口了：“现在可以开始进行内诊，你用过鸭嘴钳吗？”金发美女呈四十五度角躺坐在检查台上，默默看着我。

小百合：“呃，请把袍子往上拉到腰间。”（我学乖了。）

金发正妹：“好。”

也不知道她是不是故意闹我，她双脚并拢，夹得紧紧的。等了一会儿，我只好再度开口。

小百合：“请把双腿打开。”

金发正妹：“同学，不可以这样说喔，你应该要说‘请把两腿跨在两边脚架上，放松膝盖’。”

×的！我就知道你是故意的！我英文差总可以了吧！

内诊时，病人双脚打开通常会觉得不自在，所以医院多半会用布盖住或是隔开下半身，让医师跟病人不会面对面，以减少尴尬。但是，我这次的病人是我的老师，所以她全程都用四十五度角盯着我看！我尴尬到不行，标准病人却异常的自在！这是哪招啊？

金发正妹：“首先你要检查外阴部，包含阴唇的外观毛发和皮肤的状况。”

小百合：“我，呃，看起来正常？”

说真的，除了“正常”之外，我实在想不出半个专业的形容词，而且那时我紧张个半死，有哪个正常人没事会去想如何形容“那里”啊?!

金发正妹：“你可以描述得仔细一点吗?”

小百合：“我，呃，对不起，我办不到。”

金发正妹：“你可以说‘毛囊浓密正常，在下腹部呈倒三角状。大小阴唇外观、形状、颜色都在正常范围内’。”

小百合：“我知道了。”

好啦，我承认我会的单词有限，可是我真的不会描述啊!

金发正妹：“同学，请戴上两层手套。接下来要触诊，把小阴唇拨开，检查是否有皮肤病变。”

小百合：“OK。我看看，呃，摸起来，喔不对，是……触诊正常?”

金发正妹：“同学，小阴唇拨开一次就够了。不用来回翻，你不是在翻书喔!”

妈啊！你又没有说不可以？我又不是故意的，那个谁谁谁，赏我个痛快吧!

小百合：“对不起，我不是故意的。”

金发正妹：“接下来要做扩阴（鸭嘴）器的检查。将扩阴器两叶并拢，侧向从侧壁缓慢放入阴道内。”

小百合（紧张，微微颤抖）：“OK。”

金发正妹：“同学，不是那里，上面一点。”

小百合（更紧张，更微微颤抖）：“Sorry，我太紧张。”

金发正妹：“向上向后推进，Good！把扩阴器转平并张开两叶，观察子宫颈。”

小百合（更紧张，大大颤抖）：“我要开到多大？”

金发正妹：“直到你可以看到子宫颈。”

可能是太过紧张，也有可能是我眼残，我一直没有看到子宫颈，所以我就一直慢慢打开……

金发正妹：“Stop！喂，同学，你打太开了啦！”

小百合：“对不起！我的天啊，我还没有看到啊！”

金发正妹：“你关小一点再试一次。”

（以上对话重复三次。）

小百合：“喔喔！我看到了！”

金发正妹（呼口长气）：“OK，请小心慢慢取出。取出前记得先把两叶合起一点。”

小百合：“结束了吗？”

金发正妹："还没有喔！现在要做骨盆腔检查。把右手的手指放入阴道内，左手按压腹部。两只手中间感受到的就是子宫。"

小百合："等等，你说什么？我要干嘛？"

金发正妹："把右手的手指放入阴道内，左手按压腹部。"

绝对没有唬烂，这是必需的检查，可是当时的我紧张到快昏过去了。

小百合（颤抖）："OK，这样对吗？"

金发正妹："同学，其实……放一根手指就够了喔。"

呜啊啊啊！跳到黄河也洗不清啦！！！你帮帮忙，可以说仔细一点吗？！

小百合（脸红）："食指，还是中指？"（哇啊这是什么对话！）

金发正妹："看你方便啰。"

小百合："我感觉到了，我们结束了吗？"

金发正妹："只剩下三合诊检查。"

小百合："那是什么？"

金发正妹："右手食指伸入阴道、中指伸入直肠，左手置于下腹部协同触诊。"

小百合："为什么？这样是为了检查什么？"

金发正妹："这是标准的检查。主要是检查阴道直肠膈的病变。"

* * *

千辛万苦，检查结束后……

金发正妹："同学你做得很好，不过要记得，下次中指润滑剂要放多一点。知道吗?"

小百合："非常……对不起，真的。"

后记

那天诊间其实还有其他两位医学生，不过金发正妹教完我之后就提早离开了（她八成是受够了）。之后一位欧巴桑走了进来，其他男同学立刻暗骂了美国国骂，让我心中百感交集，不知是喜是悲。

请原谅我不够专业。学校给的准备资料只有一段六〇年代的短片，而且实际上场时，我脑中一片空白，完全不知道该做什么。其实，我非常庆幸有专业的标准老师引导，因为经过这堂课的洗礼，之后我在妇产科为病人检查时变得非常专业。

男科体检课

继上次惨痛的“妇科体检课”后，教授紧接着安排了男科的体检课程，而教学老师依然是传说中的标准病人。

小百合：“学长学长，男版体验课要学什么啊？”

学长：“阿呆耶你，当然是泌尿科的检查啊！”

小百合：“喔，那有很难吗？”

学长：“这个嘛，对男生来说应该觉得还好。”

小百合：“为什么？”

学长：“因为大部分男生对自己的‘那里’都很熟悉。”

小百合：“耶……这点好像不太能反驳。”

学长：“可是你明天做检查时，应该还是会觉得很难受。”

小百合：“什么意思？”

学长：“……去年有一个老师身上有疝气。”

小百合：“啥，疝气？”

学长：“因为疝气很少见，所以学生都想跟他做一对一的检查，大家就这样搓他‘那里’搓了三个多小时……”

小百合：“……”

学长：“你想想看，那该有多痛啊!”

小百合：“……真是辛苦他了。”

学长：“这种牺牲奉献的精神，值得全体医护人员的肯定。”学长深深地叹了口气。

* * *

练习当天，一大群医学生在诊间等候，大部分同学看起来非常紧张，少数几位看起来异常兴奋(啥鬼)。

九点一到，一位中年大叔走了进来，他身上穿着病人袍，脚上套着夹脚拖，身材有点微胖。

“你们是医学生吧？欢迎欢迎，期待很久了吧？今天你们会学到如何进行男性的泌尿科检查。”大叔接着拿出一张名单，“那我们先开始点名！约翰……玛莉……史蒂芬……凯莉……泰密……小百合……丹……容恩……莉萨……好！看来大家都到了，那我们马上开始吧!”

“老师，等一下！”我忍不住打断他，“今天……只有你一位标准病人吗？”

“是啊，只有我一位。”

“那个，我们人数有点多……”我看了看周围的同学，“要不要我们其中一些人下星期再来？”

说实话我有点担心大叔的身体，“一人对九人”这种事，感觉有点残忍。

“没问题，没问题！”大叔侧着头想了想，“人多一点也好，大家可以多复习几次。放心，每个人都会有很多时间练习的！”

（啊，这就是我最担心的地方啊！）

* * *

“有谁可以告诉我，男性的生理检查包括什么？”大叔身上披着一件薄薄的袍子，光着屁股站在我们面前，虽然这模样在诊间看起来还算自然，不过若在公共场合，应该会被当成变态。

“……”（没人回话。）

“大家放轻松，不要害羞。”

“……”（依旧没人回话。）

“那这位女同学，你来回答好了！”大叔随手点了一位最靠近他的白人女生。

“男性的生理检查可分为四大类，”女生小声地回答，“分别是阴茎检查、阴囊检查、疝气检查，还有摄护腺检查。”

这位女生叫凯莉，是个平时上课认真，永远坐在第一排，而且下课会追着老师问问题的好学生。

“非常好！那今天就请你为我们示范一下阴茎检查啰!”

凯莉站了起来，点了点头，双眼直视“目标物”，身体有点抖。

“老师，我应该怎么做？……”

“首先，我会建议你戴上手套……”

凯莉“唰”的一声戴上手套，表情僵硬。

“然后呢?”

“……然后你可以对病人做一下自我介绍，解释接下来要做的检查。”

“我是医学生凯莉，我现在要开始进行下腹部检查。”

“不用拐弯抹角地说‘下腹部检查’，直接说‘阴茎检查’就好了。大部分男性可以接受直接一点的用词。”

“好……那我现在要开始……呃……做……做……‘阴茎检查’。”

一阵短暂的尴尬后，凯莉蹲了下来，用迅雷不及掩耳的速度把手伸到老师袍子里面。

“啊！等……等等！”大叔叫了一声，往后退了一步，“你……你有没有觉得这样怪怪的？”

仔细一看，大叔站着，凯莉蹲坐着，这个姿势好像在许多爱情动作片出现过……

“那我该怎么办？站着做检查吗？”凯莉从脸红到脖子，看起来快晕过去了。

“不不不，那样也不太好。请病人直接躺在床上就好了。”

“呃……请你……躺上床。”

老师躺上床后，凯莉把袍子拉到腰间，露出老师那毛茸茸的大腿，和男人的第二生命。一群学生围绕着一个半裸中年男子，说实话这画面有点令人不舒服。

“这位同学，建议你可以先用被单盖住病人双脚，之后再把病袍拉到病人腰上，这样可以避免过度裸露，只露出要检查的地方就可以了。”

“……对不起。”

在凯莉认真进行触诊的同时，大叔也同步进行“实况转播”：“你们即将进入临床医学，所以学会正确的检查方式是非常重要的，有些时候男生会有生理反应，如果出现勃起的情况，不用刻意停止检查，也不用刻意指出来。”

凯莉吓了一跳，仔细检查了一下手中的××，确定没有异常后，瞪了大叔一眼，再继续检查。“……力道的拿捏也是很重要的，太过‘小心’或太过‘粗鲁’都不太恰当。”

凯莉这时刻意放慢速度，动作变得更加生硬了。“有些男生有包皮，有些没有。碰到像我一样有包皮的男性，要小心把包皮翻起来。”

凯莉努力尝试把包皮翻开，不过效果不太好。

“翻的时候可以用双手，也可以用单手……”

她先是用左手握着阴茎，然后右手尝试翻包皮，过了一会儿觉得不顺手改用右手握着阴茎，左手翻包皮，折腾了五分钟左右才“达阵”[①]成功。看到这里，男生都露出一副“×！好痛”的表情，女生则是疯狂抄着笔记。

“谢谢这位同学为我们示范……”大叔露出亲切的微笑，“下一位同学请上来吧！”

之后的检查跟“阴茎检查”差不多，基本上老师都会躺在床上让同学进行触诊，之后再口头指导要注意的细节。

比较不一样的是疝气检查，老师要求我们把手指从阴囊“戳”进去，朝着肠子的方向“捅”到最深处，以确保摸到疝气的病变。如果动作不够标准，老师还会坚持要我们不断练习，直到熟练为止。我们这些医学生就这样来来回回地做着检查，一模一样的检查各重复九次。

* * *

① 达阵，即 Touchdown，橄榄球比赛中的“触地得分”。

“老师，你为什么要来当标准病人啊?”快结束的时候，有人问了大叔。

“退休在家没事做，来教教学生也不错，大概就这样吧!”

“为什么没有其他男性标准病人?”

“钱不够多吧。女性的标准病人一小时有约三百美金，男性的标准病人大概只有三十美金左右。”

“会不会差太多啊?!”

“算了啦，反正我是凭兴趣的，有帮到学生就好。”

“老师，你每次被学生这样检查，不会痛吗?”

“有时候会，有时候不会。”

“……谢谢老师，真是辛苦你了。”

“这没什么啦，我以前还是医学生的时候，可是没有‘标准病人’这种东西喔！只好找同学互相练习各种检查。”

“等……等等，老师你是医师?”

“是啊，我没跟你们说吗?”

“你以前是找其他医学生练习泌尿科的检查?”

“是啊，不然以前上哪儿找病人练习?”

我们还没从这震撼的消息中回过神来，老师突然看了看手表，大喊：“啊啊，只顾着聊天，都忘了还要做肛门指诊！来来来，同学们赶快排成一排，大家要记得把食指伸到肛门底部，然后来回转动触摸摄护腺喔!”

语毕，他一个人走到墙边，双手扶墙，双腿张开，光着屁股朝着我们。

“不要害羞，赶快来练习吧！第一个摸到摄护腺的有奖喔!”

学长教学弟如何为病人进行肛门指诊(Digital Rectal Exam),学弟没有经验,似乎非常紧张。

学长:“放轻松,等一下会教你怎么做的。”

学弟(僵硬):“是,学长。”

简单介绍指诊过程后,学长请病人褪下裤子,面对墙壁,然后弯下腰。

学长:“戴上手套后擦一点润滑剂,记得动作要小一点。”

学弟(僵硬):“是,学长。”

学长:“手指放入……很好,现在找摄护腺,找到了吗?很好,形容一下形状、大小、硬度。”

学弟(僵硬):“正常大小,没有不规则形状,没有发现硬块。”

学长:“非常好!这样就OK了,做得好。”第一次就有不错的表现,算是及格了,应该要给予鼓励。

学长:“OK,手指拿出来前记得要转一圈。”

这算是标准检查之一。大部分医师移出手指前会顺时针或逆时针转一下手腕，这是为了避免忽略肛门口的病变。

这时学弟露出尴尬的表情。

学弟:“转……一圈?”

学长:“是啊，转 圈。”

学弟:“一定要吗?”

学长:“一定要。”

学弟:“嗯……好吧……”

学弟想了一下，深吸了一口气，然后，他老兄自个儿三百六十度转了一圈。因为他把手停留在病人的肛门口内（莫名坚持），所以转到一半有点卡住，于是硬把手臂绕过自己的头顶，顺利完成自转的动作。

学长说，行医这么多年，没看过这么有创意的……

好医师的条件

学校的内科实习是实行“值班制”，医学生每四天值一次“long call”(在医院过夜)，每两天值一次“short call”(下午五点结束)，值班时遇到的病人将完全由医学生负责诊断，老师、学长只会从旁指导，不会刻意介入。这种制度有别于其它科，相较于由老师安排“简单易懂”的病人给菜鸟医师学习，内科实习则往往会碰到许多莫名其妙的病人，又或是艰深复杂的病症。对菜鸟来说，其实是很酷的挑战，电影《阿甘正传》的阿甘说：“人生就像一盒各式各样的巧克力，你永远不知道下一块会是什么口味。”

医学生会单独向病人问诊，详细询问病史，完成理学检查，之后把内容详细报告给学长，提出自己的鉴别诊断以及思考过程。以上种种的练习与准备，都是为了帮助医学生能在未来成为一位“独当一面”的医师。

怀特小姐是我在内科实习负责的第一位病人。由于这是我第一次值班，我带着紧张、雀跃，又有点害怕的心情走进诊间。

“你好，我是医学生小百合，今天由我负责询问你的病史。请问你是怀特小姐吗?”

“是的，我是。”

眼前是一位年约三十岁的黑人女性，她虚弱地躺在床上，身体蜷缩成一团，说话有气无力的。

“请问你今天为什么会来医院呢?”

“我左边的臀部在痛，右边的臀部也在痛……”

“什么时候开始的呢?”

“昨天凌晨，睡到一半被痛醒的。”

“可以形容一下大概有多痛吗?如果零是没有任何痛楚，十是像孕妇生产那样的剧痛，你觉得现在大概是几分?”

“一开始是十分，现在大约是八分。”

“以前有过类似的经历吗?”

出乎意料地，她露出苦笑:“当然有，我几乎每两三个月就会痛一次。有时候是在臀部，有时候是在胸口，也有时候是在手指。”

“之前有被诊断出任何心脏或血液疾病吗?”

“我有镰刀型细胞贫血症。”

* * *

“又是她啊……”学长听到怀特小姐的名字叹了口气。

“她有什么特殊的地方吗？”

“怎么说才好，我在这医院当了三年住院医师，可是收她住院却超过二十次！”

“都是因为疼痛吗？”

“算是吧，镰刀型细胞贫血是很难处理的疾病。她又是 Hb SS，算是非常严重的 case。”

镰刀型细胞贫血症是一种遗传性疾病，患者的红血球从正常的“圆盘形状”变成异常的“镰刀形状”，因此失去了携带氧气的能力，造成局部缺血和梗塞。这是一种慢性疾病，患者一般都能正常生活，但不时会有周期性的疼痛，医师将此通称为 VOC（Vaso-Occlusive Crisis）。VOC 一旦发作，会让病人痛不欲生，目前有效的治疗方法是给予氧气、水分，还有施打大量的吗啡。

“病人看起来如何？”学长看了一下怀特小姐的血液报告，皱了皱眉。

“不太好，一直说臀部在痛。”

“如果病人主诉是胸口痛怎么办?”

“呃……我会先怀疑是心脏病，或是肺炎之类的病症。”

“如果是肺炎的话，推测是什么病菌?”

“主要是包膜性细菌，我会先猜肺炎链球菌。”

“很好，VOC 发作的病人，如果咳嗽的话还要注意什么?”

“呃……”

“要注意 ACS（Acute Chest Syndrome）！这点很重要，一定要避免恶化成 ACS，你知道为什么吗?”

“为什么?”

“因为 ACS 的话有可能会死。”学长简单下了结论。

* * *

“怀特小姐，你现在觉得如何?”

学长刚刚开了吗啡的 order，派我来检查一下病人的状况。

“好多了，只是有点虚弱。”

“你有呼吸困难、胸口痛，还有发烧吗?”

“目前还好。”

“我们等一下会帮你照张胸腔 X 光，然后定时检查血氧浓度。”

“我知道，你是怕我恶化成 ACS 对吧？”

“咦，你怎么知道？”第一次遇到对自己病情这么了解的病人，当下我有点吓到。

“当然知道啊。每次发作都是一样的处理方式，我也算是久病成良医了吧！”

“原来如此，目前我们的目标是控制疼痛，然后监控血氧。不过如果恶化成 ACS，我们可能会考虑输血。”

“不行！”怀特小姐突然坐了起来，“不能输血！我是耶和华见证人。”

* * *

“她是耶和华见证人?！有镰刀型细胞贫血，然后又刚好是耶和华见证人?！”学长听到之后，有点小崩溃。

耶和华见证人是属于基督教非传统教派的一支，在医学里最为知名的是坚决采取“不输血”的立场。这令部分必须进行输血手术的医师陷入两难，若不准备血液进行手术，将导致病人面临更大的生命危险；但若不理会病人的宗教禁忌而强行输血，日后有可能会面临病人的医疗控诉。

“那我们该怎么办?”

“还能怎么办？只能祈祷她不要发病!”学长翻了翻病历，“怪了，她什么时候开始信教的？上次来的时候没有拒绝输血啊!”

* * *

之后每天上班的第一件事，我都会直奔怀特小姐的病房询问疼痛状况，还有检查血氧浓度。很多时候，进门时我都会看到她痛苦的神情，或是听到她的哭声。

“我好痛，我全身都好痛，快给我止痛药!”

每次看到她痛苦难耐的表情，我都会冲向护理站，要求立即施打吗啡。每次当她发病时，我都会希望学长增加止痛药的剂量，不过学长并非每次都会立即下医嘱。进一步追问学长原因，他也不愿多加说明，偶尔只淡淡回一句:“吗啡不是唯一的止痛药，施打过量会产生副作用，还是慢慢来比较好。”

怀特小姐住了两个多星期院，每隔几天就会有剧烈疼痛，有时在臀部，有时在大腿，也有时在头部。当她不痛的时候，我会在一旁陪她聊天。

“像你这样每隔几个月就发病，工作上会不会遇到什么困难？”

“当然会啊，所以我现在没办法工作了，只能偶尔兼兼差，剩下的就靠家人接济，还有领政府补助金过活。”

“你有小孩吗？”

“我有一个三岁女儿，每次住院的时候，我最担心的就是她。看不到妈妈，她一定会很害怕。”

“我们一定会给你最好的治疗。如果还觉得痛的话，请马上跟我说，我会要求学长加强剂量。”

“谢谢你！”怀特小姐握住我的手，“从来没有人这么相信我。你知道吗，镰刀型细胞贫血的病人最难过的不是疼痛，而是来自医疗人员的不信任。之前我去其它医院时，很多医师都不愿意开药给我，他们都主观地认为我在骗人。其实他们不明白，没有人喜欢住院，没有人希望和家人分离，也没有人喜欢一直被他人误解。”

* * *

内科实习的最后一天，结束时我没有立刻回家准备考试，而是走进怀特小姐的病房，打算与她道别。

平时我走进病房前都会先敲门，不过那天我发现门是半开的，我没有多想，打算直接推门进去。进门前一刻，我听到怀特小姐在讲电话，她有说有笑的，听不出来有任何痛的感觉。为了不打扰她，我在门外站了一会儿，等了好一阵子才敲门。一敲完门，怀特小姐马上挂了电话。

“啊，啊！我好痛，真的好痛。我已经痛了一个晚上了，可是护理师都不愿意给我药……小百合，你可以帮我跟医师说吗？我真的好痛苦……”

* * *

“学长，你是什么时候知道的!!!”我怒气冲冲直接冲进值班室。

“知道什么？”学长放下了手中的咖啡。

“怀特小姐！她根本不痛，她是装的吧？”

“你有什么证据？”

“证据？我听到她跟朋友开心地讲电话，可是她一发现我走进来，立即刻意装痛！”

“这样也不代表她之前不痛啊!”

“……学长，你一直不愿意加强剂量就是这个原因吧?”

“……算是吧，”学长顿了一下，“其实我本来不打算告诉你的。我想给她一个机会，也给你一个机会。”

“什么意思?”

“我的确怀疑怀特小姐对吗啡产生药物依赖，所以才会那么频繁地回诊。不过，我不愿意一开始就这样猜想，因为我希望能客观地为她诊断。毕竟，不愿意相信病人的医师是不可能成为好医师的。”

“……那给我一个机会是什么意思?”

“你才刚开始实习，如果你现在就学会怀疑病人、不信任病人或是看不起病人，这不是会扼杀你成为一个好医师的机会吗?”

学长拍了拍我的肩膀：“不管你之后怎么想，至少你在过去一个月内体贴认真地为怀特小姐治疗。身为一个医师，我认为这样做就足够了……”

一辈子都会记住的病人

吉米是我的同班同学，目前在内科实习，负责照顾心脏衰竭的病人。他的第一位病人是位心脏移植病人，在十几年前接受移植手术，最近因为身体不适而住院治疗。

周末值班时，吉米发现病人在走廊上喘气，直觉告诉他情况不大对劲，于是他急 call 住院医师到场处理。没想到病人情况迅速恶化，经过半小时急救后，过世了。

得知噩耗后，吉米跟其他医学生哭成一团，这对他们来说是个很大的打击，毕竟这些学生才刚进医院，还没有做好面对死亡的心理准备。

主治医师当晚把值班的医学生叫进候诊室，里面坐着已故病人的太太。太太双眼红肿，声音沙哑，她握着主治医师的手，只说了一句话："Thank you for the last 10 years."

因为这句话，吉米告诉我，他立志要当个心脏科医师。

戒毒中心见习记录

M2 有一堂很特别的课，就是要学生去戒毒中心见习，之后要写一篇两千字左右的报告，并且向老师口头叙述所见所闻。许多学生把这当作一件苦差事，因为要在繁忙的课业中抽时间去见习是很困难的事情，而且这份作业不计入学期总成绩，所以许多人都随便写写敷衍了事。

刚好星期五没事，我决定晚上七点去戒毒中心见习。

我事先联络了主治医师，简单说明来意。他在电话里的声音听起来非常热情，建议我参加一般门诊，近距离了解戒毒的过程。

戒毒中心位于市区的一个小角落，外观看起来跟一般诊所没有什么两样。门口的警卫得知我是医学生后，领着我通过层层关卡，最后来到了会诊室。诊间是个空旷的大房间，里面摆了三张椅子、一个茶几，除此以外没有任何东西，我从包包里拿出白袍穿上，等候主治医师。

七点一到，一位穿着牛仔裤的男人走了进来："你是小白合吧？我是高尔医师，欢迎你过来。"

"高尔医师你好，谢谢你愿意让我跟你一起会诊。"

"没问题，我很乐意，不过在这之前我要请你脱下白袍……"

我赶紧脱下白袍，神色有点疑惑。

"方便请教原因吗？"

"这里的医师通常是不穿白袍的，也没有什么特殊原因，硬要说的话，应该是认为这样比较容易帮助病人放松吧。"

"原来如此。"

环顾四周，有些人穿得非常正式，也有人穿得非常休闲，好像真的没有很在意穿着。反观我们医院相当严格的规定，医学生的穿着一定要看起来"很专业"，否则是有可能会被扣分的，男生通常要穿衬衫、打领带、配西装裤，女生则是要穿小套装、长裙、不露脚趾的鞋子，不能涂指甲油，不能染发，如果身上有刺青的话，也要用布料遮住。

因此，我对高尔医师随意的穿着感到惊讶。

* * *

“我是艾伦，我目前正在接受戒毒治疗。”我面前坐了一位瘦瘦的男人，他的头发、衣衫有点脏乱，双眼无神，看起来非常疲惫。

“今天有位医学生来这里见习，请问你愿意让他问诊吗?”高尔医师亲切地询问。

“没问题。”艾伦耸了耸肩，向我点头。

“我是小百合，我有一些问题想请教你。”

“说吧!”

“嗯……请问你为什么会来这里接受治疗?”

“这说来话长……我在一个正常的家庭成长，爸爸是上班族，妈妈是家庭主妇，可是我从来不觉得自己曾得到他们的关爱。在成长的过程里，我一直在想自己是谁。我对自己的要求很高，学校成绩不错，小学、初中一直是全 A 的好学生，而且还是学校体操队的成员，我不断地努力练习，希望有一天可以代表国家参加比赛。但是，即使我有不错的成绩，我始终觉得没有人了解我、肯定我、理解我所做的一切，而我也不清楚自己要的是什么。

于是，我在十七岁那年开始喝酒。

也没什么特别的原因，只是认为这是能让我放松的饮料，能麻醉我的心灵，让我不要胡思乱想。可是我慢慢地越喝越多，从偶尔一两杯啤酒到一个晚上六杯，最后甚至是一天一大瓶伏特加。我一直觉得自己很寂寞，每晚失眠，忧郁，失落感深深笼罩着我，最后只好借由酒精来释放内心的苦闷。长期酗酒终究影响了我在体操队上的表现，教练曾经试图帮助我，可是我没办法停止酗酒，最终，我离开了体操场。

接着我开始吸食海洛因，还有许多千奇百怪的毒品。我总想着结束自己的生命，可是基于信仰，我压抑了自杀的念头，最后在家人的帮助下来到这间诊所，目前正朝着戒毒、戒酒的目标努力着。”

“你现在还有想要吸毒或是喝酒的念头吗？”

“一开始我把毒品和酒精当成一种解药，一种让我‘自由’的解药，我认为那是帮助我远离痛苦的唯一方式，我想我应该不完全是错的，因为有很长一段时间，它们带给我解脱。可是现在我发现，我不能一直依赖药物，我也不想继续依赖药物，我必须成长，必须正视自己的问题。我希望我可以透过治疗重新找回自己、重新抢回人生的主导权……”

* * *

“你觉得艾伦如何？”高尔医师转身问我。

“他好像有许多情绪上的困扰，毒品和酒精只是麻醉自己的一种手段。”

“没错，毒跟精神科是息息相关的。大部分的病人一开始都是因为情绪困扰才开始喝酒吸毒。”

“如果病人一开始有情绪困扰时就寻求医师帮助的话，是不是就有可能降低未来吸毒酗酒的风险？”

“我想是的。”

“艾伦刚刚说他有用海洛因，这种毒品不是很难戒掉吗？”

“海洛因的患者很难完全戒毒成功，有很大一部分原因是停止吸毒后的脱瘾症状，像是身体剧痛、流鼻水、呕吐、腹泻等不适，对这些人来说，唯一解除这些痛楚的方法就是继续吸毒。”

“有什么有效的治疗药物吗？”

“最常用的是美沙酮（Methadone），临床上是可以抑制脱瘾症状的。”

“所以艾伦有接受美沙酮吗？”

“有……可是他一直希望早点停药。”

“为什么?”

“这其实在戒毒病人中挺常见的。他们希望能完全脱离药物的控制，达到完全康复的目标。”

“我记得书上说吸食海洛因的病人死亡率很高?”

“因为除了感染以外，有些病人在长期服用美沙酮后会自行停药，不过一旦停药后，脱瘾症状几乎会马上回来，病人这时候有可能会忍不住回头吸毒，不小心吸食过量就会导致死亡。”

“高尔医师，你打算让艾伦持续接受美沙酮治疗多久?”

“很难说……也许三年，也许五年，也许一辈子。”

“艾伦有可能完全戒毒成功吗?”

“……我目前遇到的海洛因患者，几乎没有人停药成功的。”高尔医师严肃地说。

传达噩耗的方式

在内科见习的时候，我遇到一个二十岁上下的年轻病人，在大学研究电机工程。住院的原因是不明高烧、体重减轻和精神疲劳，急诊医师做完处理后，把病人转给我们小组负责。

学长：“小百合，这个病人就交给你负责。不准看急诊医师的诊断，也不准看检查报告，我要你从病史和理学检查中做出诊断。”

小百合：“好。”

这是我们医院训练菜鸟的方式，毕竟好医师不应该完全依赖机器，而是该从病史和理学检查去找答案。

小百合：“你好，我是小百合，是负责照顾你的医学生，请问我可以占用你一点时间吗？”

年轻人：“没问题。”

他看起来就是一个高级知识分子，谈吐斯文得体，跟我以往见到的重症病患不太一样。

小百合："听说你发高烧一段时间了？"

年轻人："是啊，大概一个多月了吧，我之前从来没有这样病过。"

小百合："请问你有打流感疫苗吗？"

年轻人："有，我以前也得过流感，不过感觉跟现在完全不一样。我想应该是有其它原因。"

小百合："你体重有减轻？"

年轻人："嗯，这两个月大概瘦了十公斤左右。"

小百合："你有刻意减重吗？"

年轻人："没有，可是我吞咽困难，每次吃东西时嘴巴都会痛。"

小百合："我帮你检查一下口腔如何？"

年轻人："好。"

牙齿状况不错，没有明显蛀牙，不过牙龈发炎严重，尤其是前排牙龈，发炎的样子有点奇怪，这让我非常担心。

小百合："你的牙龈发炎得很严重，以前会这样吗？"

年轻人："不会啊，这是最近才开始的。"

小百合：“有没有流血?”

年轻人：“嗯，流很多。”

听到这里，我的鉴别诊断大概分为感染、牙周病和血癌这三大类。

详细询问其它问题后，我走出了诊间。

学长：“你觉得呢?”

小百合：“学长，我觉得可能性很多，但是我最担心的是血癌和 HIV。”

学长：“急诊医师有做艾滋病筛检，不过，结果是阴性。”

小百合：“他最近有发烧，说不定是空窗期，要不要做个 HIV 病毒量检查。”

学长：“早就送检验了，结果明天会出来。那关于血癌的可能性呢?”

小百合：“我想看他的血液抹片以及完整血球数值。”

学长：“很好，你继续追踪一下，明天就能知道答案了。”

隔天，学长拿着报告和我一起走入病房。学长特别交代，要我闭紧嘴巴，好好观察他如何传达检验结果。

学长：“你现在感觉如何?”

年轻人：“还好。”

学长先握了握病人的手，然后坐在他身旁：“当初你来医院的时候，我有跟你提过可能的疾病。今天早上化验结果出来了，你的 HIV 病毒量为四万多，HIV 是阳性。”

学长就这样单刀直入说出结果，毫不拖泥带水。

年轻人听到后完全愣住了，一瞬间仿佛时间冻结，完全没有任何反应。学长就这样静静等了几分钟，然后拍了拍年轻人的肩膀。

学长：“告诉我，你觉得 HIV 是什么?”

年轻人(小声)：“……是一种无药可救的病。”

学长：“错，HIV 完全不是这样的病。HIV 虽然是个需要长期治疗的病，可是如果你有定期吃药、持续回诊追踪的话，以现在的医学水平，未来的生活质量跟一般人几乎没两样。”

年轻人：“……”

学长：“我想你一定还有很多问题。这样好了，你慢慢整理问题，我晚点再回来查房如何?”

年轻人：“……嗯。”

学长离开前又握了握年轻人的手：“相信我的专业，千万记得，这不是绝症！”

*　　*　　*

学长：“你觉得如何？”

小百合：“我觉得……学长你很直接。”

学长：“拐弯抹角不是我的作风，扯越多只会让病人越恐慌，多年经验告诉我，这种事情说得越直接越好。”

小百合：“你不担心病人一时承受不住吗？”

学长：“怕有什么用？他终究得知道啊！我们的工作就是要正确诊断、消除疑虑、积极治疗。我一定会让他重拾信心，积极配合治疗的。”

看着学长查房的背影，有那么一瞬间，我突然觉得学长好MAN，自己好渺小。

传达噩耗的方式有很多种，或许不是每个病人都能接受这种方式。不过，说不定有一天我也能跟学长一样准确且直接。

我就只是喝了一口百草枯而已

我小时候跟着爸妈住在台湾的医院宿舍。或许是因为从小在医院长大，成长过程中，我看到许多生老病死与悲欢离合。

老爸是个脾气超好的医师，无论何时都是笑嘻嘻的，就算偶尔在医院碰到不顺心的事，他也鲜少把负面情绪带回家。某天晚上，他回到家显得闷闷不乐，不管我怎么逗他，他都笑不出来。老妈觉得有点奇怪，追问之下，他才缓缓说出在医院发生的事情。

这则故事距今已经二十多年了，但如今我都还记得一清二楚。

* * *

那天下午，我爸一如既往在医院值班，而急诊室则是一反常态地空无一人。正当他闲得发慌时，带有一点稚气的大学生走了进来。

“你好！那个……我要挂号看急诊。”

“看急诊啊？你哪里不舒服？”我爸从诊间探出头来询问。

“喉咙有点痛。”

“嘴巴张开让我看看。”一看之下，这才发现整个口腔都溃烂了，食道也有严重灼伤，我爸直觉认定这是个不寻常的病例，“你到底喝了什么？”

“我昨天晚上喝农药自杀。”

“农药？什么农药？你喝了多少？瓶子拿给我看！”我爸马上变得紧张起来。

“瓶子我没带来啦，但我就只有喝一口而已，而且马上就吐出来了。”大学生伸伸舌头一脸无辜，完全不知道事情的严重性。

“你现在要马上住院，还有，我要通知你的家人。”

“我才不要见他们呢！”

“不行，他们现在一定要来！瓶子也要想办法给我找出来！”

等待家属的同时，我爸为他照 X 光片、打点滴、抽血、验尿，同时准备用活性炭洗胃，并且在心中暗暗祈祷不要用到它。

在急诊室一看报告结果，完了，居然是百草枯，顿时心凉了一半。

我爸走进诊间，双眼直视大学生："你要有心理准备。"

不久后，一群哭哭啼啼的家人走进急诊室，其中一名妇人手上握着一小罐农药瓶，农药还剩蛮多的，看起来像是只喝了一口而已。

"呜，你怎么这么憨。医师啊，你一定要救救我儿子啊！"妇人一把鼻涕一把眼泪，哭得肝肠寸断。

"哼，都是你们的错！再逼我啊！我死了大家就开心了吧！"大学生激动地说着，看起来霸气十足。

"医师，你一定要救救他啊！"

"好啊！现在你们满意了吧？你们开心了吧！反正我死了对大家都好！"大学生越说越大声，到后来居然还有点洋洋得意。

我爸则是一句话也说不出口。大学生只是闹情绪自杀，事情过去了就没事了，不过，大学生错在不该喝下百草枯。在场的医护人员都清楚明白，大学生只剩几天的生命了。而我爸唯一能做的，就只有看着大学生带着意识，慢慢地接近死亡。

大学生只有住院六天。

他前几天意识清楚，也可以跟家属对话。

不过第三天就开始喘了。

第四天肺部发现严重纤维化。

第六天病危，去了。

那短短六天，只记得大学生不断重复着同一句话："×的，我就只是喝了一口百草枯而已！"

是啊，就只是喝了一口百草枯而已。

当年我爸跟我说这故事的时候，表情凝重，跟他平常笑嘻嘻的模样截然不同。

"听好，有些错你是绝对不能犯的。很多时候，人生没有重来的机会，犯这种错，就可能赔上你一辈子，还有你家人的一生。"

* * *

写下这个故事前，其实我想了很多。

一般来说，自杀的人分成两种：第一种是死志甚坚的人，他们通常会采取比较极端(不太可能被救回)的方式，像是卧轨、举枪自尽等等，希望一了百了离开一切纷扰。第二种则是想自杀，但想法没有那么强烈，或是怕痛，或只是想引起他人注意。这种人通常会选择烧炭、吞安眠药等比较不激烈的方式，因为他们不想痛苦地死去。

你觉得，医院比较有可能救回哪种类型的自杀者呢?

我写这篇文章的目的是希望能顺利救回后者，希望第二种类型的自杀者可以想清楚，最重要的是，不论如何都不要选择服农药自杀。

什么是悲剧?

悲剧就是第二种人误用了第一种寻死方法，在临死前深深懊悔，但仍只能痛苦地离去。很多时候，后悔也来不及了……

翻译难为

门诊的时候碰到一位只会说法语的老太太，因为语言不通，又找不到翻译人员，于是请老太太的 teenage 小孙女帮忙翻译一下。

小孙女的英语非常流利，清楚详细地转述老太太的症状。不过，我发现小孙女并没有把每一句话都翻译出来，有时候老太太会劈里啪啦说一大串话，可是小孙女只短短地翻成一句。

小百合："谢谢你帮我们翻译。奶奶刚刚好像说了很多话耶，可以请她再说一次吗？这次请你把每一句话都翻译出来，好吗？"

小孙女点了点头，表情有一点尴尬，眼神望向老太太。

老太太："&*^@*^M？ X<LWO@*^^！ %#%@*@@（法语）"

小孙女："我奶奶说，她昨天晚上开始胃痛，躺着的时候症状比较明显。"

老太太："@#&^$^$&*^@*^M@@（法语）"

小孙女："她吃了晚餐后，觉得有比较好一点。"

老太太："%^&**&^$%^&*&*^@*^M？ X<LW（法语）"

小孙女："她还说她胃胀胀的，好像有很多气在里面。"

老太太："**^！ %！ %#&*！ #$！ $*！ $**&#$&#^@^@！（法语）"

小孙女：“唉呦，这句话我不想翻啦！”

小百合：“不行，这是很重要的信息。你一定要照实翻译老奶奶说的每一句话。”

小孙女：“可是，她刚刚说的跟病情无关啦！”

小百合：“我明白，可是还是请你完完整整翻译每一句话。”

小孙女：“唉呦……”

小百合：“Please！”

小孙女：“……好吧。”

她深吸了一口气，表情非常无奈。

小孙女：“我奶奶刚刚说，你的眼睛很漂亮，笑起来相当迷人……”

小百合：“……”

小孙女（无奈）：“你看，就跟你说无关了吧！”

妹妹，对不起，叔叔不应该逼你的……都是我的错……

新生儿加护病房的小 baby

我们医院的新生儿加护病房（NICU）跟一般病房不太一样，别的不说，光是入口就砸下大成本，墙壁、天花板，甚至地板都画满了仿几米风格的卡通人物。有些医护人员也会入乡随俗，戴着可爱的帽子还有口罩看诊。

NICU 是个很特别的地方，里面大多是提早报到的小 baby，或是身体状况较差的新生儿。这里充满希望、生气勃勃，每个 baby 都努力地扭动着。有些早产的小 baby 真的超级无敌小，可能还不到我的手掌大小，非常淘气可爱。这里还有一个好玩的情况，如果一个小 baby 开始哭，旁边的小 baby 也会顺便意思意思哭一下，最后往往演变成小房间里的众多小 baby 同时狂哭，这画面实在是无比搞笑，建议各位如果有机会的话，一定要来医院参观。

在茫茫人海中，不对，是小 baby 海中，我发现了一个不太一样的婴儿。

他躺在病房的角落，身上插着一堆管子还有静脉注射线。一、二、三、四、五，乖乖，有三根塑料管插入胸口，两根细管插入脖子。

“学姊，这个小 baby 怎么了啊？”好学如我，当然要趁主治医师不在时提问，万一之后主治医师电我时才能瞎掰两句，这叫未雨绸缪、防范未然。

“你不知道啊？菜鸟就是菜鸟，去看看他胸口管子流出的东西，告诉我那是什么颜色。”

“管子流出……白色的液体？这是什么东东？是 pus（脓）吗？”

“学弟，上课太混了吧？pus 是这个样子吗？我问你，你身体里有什么液体是白色的？”

小百合知道的白色液体只有一个，可是说出来应该会被学姊告性骚扰。

“对不起，学姊，我不知道。”没办法，我是纯情小百合，该有的矜持还是要有。

“乳糜液啦！”

“喔喔喔，原来这就是传说中的乳糜液啊！”

“乳糜液”其实就是淋巴管里流动的液体。我们吃完东西后，食物里的脂肪会被身体吸收，经过胆汁乳化作用后，变成白色的“乳糜液”，这些液体会经胸管注入体内血液循环中。通常乳糜液流量每小时约 100ml，日总量约两公升。

“等等，乳糜液不是应该在淋巴管吗，怎么会在胸腔里？”蠢问题二连发，反正主治医师不在，赶紧多问几题，一皮天下无难事。

“笨啊，这就叫做‘乳糜胸’啦！baby 先天性发育畸形，乳糜液流动出了问题。简单来说，本来应该流入血液循环的乳糜液通通跑去胸腔内了啦。”

“什么？这样不就不能呼吸了吗？”

“是啊，所以才要插管子做穿刺引流，把多余的液体排出来。”

“了解。那我们要怎么治疗？”学姊这么行，一定有办法的。

“一般来说，可以选择开刀或用药。可惜的是，baby 罹患的是非常少见的淋巴管发育畸形，目前的医疗水平没有办法帮他。”

“你的意思是，baby 的胸腔会一直有白色的乳糜液流入，然后我们唯一能做的，就是插几根管子到他胸内，将白色乳糜液引出体外？”

“没错。对了，另外每天还要灌两公升的水和蛋白养分给他。”

“每天都要？如果不给会怎么样？”

“不给会死啊，笨蛋！”

“天啊，这也太惨了吧？每天这样插啊灌的，完全没有生活质量啊！”

“是挺惨的……”学姊语气中透露出些许无奈。

仔细一看，这 baby 目前为止动也没动，大概是虚弱得没力气吧，胸部插了那么多管子，看得连我都痛了。

“救不了他，为何不干脆让他走？还是说妈妈不愿意签 DNR？”看着表情痛苦的 baby，我突然感到一阵鼻酸。

“我也不愿意啊！学弟，我们根本找不到妈妈好吗？baby 从住院到现在，她一次都没来过。”

“什么，那是谁送 baby 过来的？”

“好像是奶奶。baby 没有爸爸。”

原来如此，医院找不到妈妈签 DNR，奶奶又没权限做决定，医院怕被告，所以只好让 baby 苟延残喘。“生不如死”应该就是用来形容 baby 现在的状况吧！

面对沉默不语的我，学姊想了想，交代我。

“那……学弟，这病人就交给你照顾啰。”

从那天起，我的工作就变成每天定时抽乳糜液和打蛋白养分。这真是份令人气愤的工作，明明无药可救，却得对着小 baby 的身体抽啊灌的，乱残忍一把。baby 的身体还那么小，我每天却得硬打一到二公升的液体到他体内，实在是太多了。

“baby 乖，忍一下，我知道很痛，加油喔。”

“baby，又是我，吃饭啰。”

“baby，对不起，今天还是我，不痛不痛，马上就好。”

有时 baby 会张开眼睛，抓住我的食指，跟我打招呼；有时会翻个身，动动手脚。不过，更多时候，他是喘着气，皱着嘴巴，辛苦地呼吸着。偶尔有那么几次，baby 会看着我笑，仿佛他知道我是谁。我则是会摸摸他的头，做做鬼脸，逗逗他。一有空的时候，我就会到 baby 旁边，跟他说说话。

NICU 的每个婴儿都有妈妈陪伴，我想，baby 应该很寂寞吧。

*　*　*

下班之后的时间，则是努力地寻找 baby 的妈妈。

“你好，我是小百合。你的 baby 目前在我们医院接受治疗，听到留言后请回电给我，谢谢。”

然而，一天天过去了，不管我们如何留言，妈妈始终没有现身。baby 的身体状态越来越差，乳糜液也越抽越多，表情也越来越痛苦。

某天早上，baby 胸腔细菌感染，引发败血症，多重器官衰竭，离开人世。他走的那天，小小的身躯旁围着一堆专科医师和护理师，身上还插着一堆大大小小的管子。我们等不到 DNR，所以无论 baby 多么痛苦或难以承受，我们都必须尽全力急救。

也就是说，该做的急救，我们全都做了……不该做的……我们也全都做了。

那天晚上，我和学姊拖着沉重的步伐，离开了 NICU。

据实以报的勇气

下课后，我照惯例去医院餐厅用餐，吃到一半时，一位中年妇女走了过来。

“请问你旁边的位子有人坐吗？”妇女突然发问。

“没有喔，请坐。”

她看起来年约四十岁上下，举止优雅。医院餐厅的桌子不多，所以用餐时间几乎都会跟其他人并桌，我不以为意，继续专心吃饭。

“请问你是这里的学生吗？”她突然开口询问。

“是的。”

“喔，这样啊，我可以耽误你几分钟吗？”

“请问有什么事吗？”

“打扰你一下下就好，可以吗？”

“这……好吧，你说吧。”

“今天是我女儿的生日。”她停顿了一下，“如果她还活着的话，今年就满二十岁了。”

我放下刀叉，惊讶地看着她，一时之间不知该说什么。

接着她缓缓说出琳达的故事……

“琳达四岁那年得了癌症，医师跟我说这是一种可以治愈的癌症，有九成的儿童都可以痊愈。我们选择在这间医院接受手术，希望她能健康出院。

“琳达是个很聪明的孩子，即使手术非常辛苦，她也从来没有闹过脾气，做切片时她都乖乖不动，让医师可以顺利抽取样本。

“手术过后半年，她的病情突然恶化，医师说癌症复发了，必须接受化疗和放射线疗法。

“不管多么辛苦，琳达都努力地配合疗程。有一次她告诉医师：‘强森医师，请为我做化疗，我不怕痛，我想赶快把病治好。’不过，一个月后，癌细胞开始攻击琳达体内的器官组织、骨头，还有免疫系统，琳达身上出了很多红疹，腹泻、呕吐、疼痛。我们知道她的日子不多了，可是没有人愿意面对这个残忍的事实，也没有人愿意跟她提起，毕竟琳达那时才五岁。

“她的愿望是骑脚踏车，但是她始终没办法出院。身体一天比一天虚弱，头发都掉光了，脸也消瘦了许多，肚子跟腿的水肿却越来越严重。

“有天晚上，她突然问我：‘妈咪，我的病治不好了，对不对?’我不知道该怎么回答，只好跟她说：‘妈咪不知道，但妈咪会跟你一起努力下去。’

“隔天，琳达抓着医师的手，又问：‘医师，我会一直患有癌症吗?’医师迟疑了一下，点了点头。

“‘那我会死吗?’医师看起来被吓到了，他跟我一样，给了琳达一个模糊的答案。

“琳达叹了口气，说：‘答应我，医师，我要死的时候，请你一定要亲口告诉我。’

“琳达走的那天，她喘得很辛苦：‘妈妈，我好痛，我可以放手吗？我真的好累。’我抱着她，跟她说妈妈不希望看到琳达这么辛苦。

“‘那如果我走了，你会好好照顾自己吗？’我跟她说，妈妈会好好照顾自己，请她不用担心。

“‘那我在天堂还可以跟你聊天吗？’我说，我想可以的，可能不是像现在一样聊天，而是用另一种方式，用心来聊天。

“‘妈妈，我想是时候了，我知道是时候了……我只是不明白，不明白为什么强森医师不来跟我说。他答应过要亲自跟我说的。’”

说到这里，女人开始失声痛哭：

“这么多年过去了，我一直很后悔没有亲口告诉她，也没有要求医师告诉她。其实琳达一直在等我们跟她说，她早就准备好了！”

她擦了擦眼泪，哽咽着说下去：

“我们天真地想保护孩子，自以为是地剥夺她知道生死的权利，殊不知到最后反而伤了孩子。说到底，我们只是没有勇气说出实话。琳达早就知道了，可是却是带着遗憾走的，她到最后一刻，都还在等着我们。

“有一天，你也会碰到像琳达一样年纪的癌末病人。如果他问你相同问题，到时候，我希望你可以鼓起勇气告诉他实话，让他安心离开。”

* * *

儿童心理学研究指出，癌末病童大部分都知道自己不久于人世，孩子对生死的理解比我们所猜想的还多。有些孩子刻意不问医师关于“生死”的问题，主要原因只是怕父母难过，可是这并不代表他们不想知道真相。

“如何传达死亡讯息”是非常困难的课题。有时对病人来说，从医师口中得知，是种解脱。

后记

这位妈妈当天是来医院做产检，琳达过世多年后，她鼓起勇气，再度怀孕。她先生一开始非常反对，因为怕孩子万一有个三长两短，自己会无法承受另一个打击。不过，后来终于被太太打动。妈妈怀了一个男宝宝。

Happy Birthday to You

我们医院的神经内科算是美国数一数二的中风中心，除了专精罕见疾病的治疗以外，对于中风的各种紧急处理也具一定水平。

美国中风协会对于中风中心的定义非常严格，若没有最高水平的医疗设备、24/7（整天而且每天）待命的中风医疗小组，或是没有专精于中风治疗的加护病房的话，将无法通过认证。不过，一旦通过认证，邻近医院的中风病人将会优先送到中心治疗，其它医院若遇到棘手的状况，也会建议病人转诊到我们医院。

虽然我只是个菜鸟医学生，不过因为在大型医学中心实习，几乎每天都会看到各种急性脑中风的病人。来这里住院的病人都有一定程度的大脑损伤，虽然偶尔有几位能恢复到正常状态，不过大多数病人都没办法百分之百完全复原。

脑中风是个很特别的病，它的病理说起来简单，但却极难处理。中风病人可分为栓塞性和出血性这两大类。遇到栓塞性中风的病人，最重要的是把握“黄金三小时”完成紧急处置，医师得想办法恢复阻塞血管灌流，减少缺血区域损伤范围。

这一切，分秒必争，任何延迟都有可能造成难以弥补的遗憾……

简单来说，病人能否复原，在前几个小时就可以看出端倪，因为时间一旦拖久了，大脑所受到的损伤是不可逆的。

“学姊，身为神经科医师，为什么你总是充满热忱?”

“怎么了?”

“这几天看到的病人状况都不太好，许多人失去了行动能力，半身不遂，有些连话都说不清楚。”

“是啊。”

“如果他们能早点来医院可能还有解，不过现在这个样子，我们好像不管做什么都没有用……”

“话不能这么说，他们有可能二度中风，我们要小心预防这些情况。”

“我知道，可是，我们没有办法让受伤的大脑复原，对吧?”

“嗯，的确没办法。”

“你难道不会因此感到无力吗？病人只是因为中风就变成完全无法自理的情况，每天除了告诉他们‘持续复健’以外，我们还能做什么呢？”

“这个问题问得很好！”学姊想了一下，“我看这样好了，三〇六号房的病人就交给你了。”

* * *

进病房前，我仔细读了病历。病人叫做露比，是一位五十多岁的中年女性，她的故事跟大多数病人一样，某天左手感觉使不出力，接着就跌落在地站不起来了。不过，露比的运气不算太差，发病的时候刚好身旁有人，在几乎没有延误的情况下被送来医院。

急诊室医师怀疑是急性脑中风，问完病史后立刻做了紧急脑部断层检查，再联络神经内科后确定诊断，短短的一个多小时内，露比就被施打了血栓溶解剂。

露比的状况一开始有稍微好转，不过人算不如天算，她的状况在隔天早上迅速恶化。我们发现之前的“栓塞性”中风转换成“出血性”中风，由于出血范围不大，神经外科觉得暂且不用开刀，建议观察几天之后再评估。

“你好，我是小百合，我是负责照顾你的医学生。”

露比躺在病床上，看起来很虚弱，她的右半脸垮了下来，身体也不太能动，不过还是勉强向我挤出了一个微笑。

“我想问你一些问题，可以吗？”
露比向我眨了眨眼睛，没有说话。

“你知道你在哪里吗？”
露比点了点头，用手指了一旁医院的广告牌。

嗯，看来她知道自己在医院。

“你知道今天是几月几号吗？”
露比看了我一眼，用左手比了个“六”，然后再比了个“五”。

很好，六月五日，正确答案。

“可以请你从一念到十吗？”
露比摇了摇头，没有发出任何声音。

“可以请你说‘啊’吗？或是可以试试看发出其它声音吗？”

露比张开了嘴，嘴唇动了一下，不过没有任何声音。她摇了摇头，看起来有点失落。

“没有关系，你做得很好。接下来我想测试一下你的肌肉神经反应，请把双手举起来……”

* * *

做完一连串检查后，我回到值班室向学姊报告。

“病人意识清楚，不过就跟病历上说的一样，完全丧失了说话能力。她的左手和左脚虚弱无力，右手和右脚则是完全无法动弹，右脸下垂，症状是很典型的左大脑中动脉中风。”

“嗯，状况有稳定下来吗？”

“目前还可以，生命征象挺正常的。不过昨天发现有出血性中风，我想还是要持续观察。”

“你觉得她一开始为什么会中风？”

“我也觉得很奇怪。她的年纪不算大，又没有明显的心血管疾病病史，会不会是有某些遗传性疾病？”

“我也是这么想，我刚刚联络到她的家庭医师。他说露比没有任何血液方面的病史，不过她在去年底被诊断出末期卵巢癌。”

“卵巢癌？这不是造成凝固性过高的危险因子之一吗？”

“没错，我认为她的血栓是癌症引起的。”

“她的家庭医师有没有计划让她接受化疗？”

“目前没有。末期卵巢癌是很难治疗的……”

“如果病人有癌症造成的血栓，但是现在又不打算治疗癌症，这样她不是很有可能再度中风？”

“是啊，可能性很大，应该说，非常大！”

“那我们是不是该给她一些抗凝血剂？”

“我也想啊，不过她现在大脑在出血，抗凝血剂会造成大量脑出血。”

“……我们是不是应该跟她的家人讨论一下？她的病情这么严重，可能时间所剩不多了。”

“听说她没有家人，一直是一个人过活。”

“我们该怎么办？让她一直在医院待着，直到再度中风？”

“我也不知道，希望她的情况会好转。如果变好的话，我们或许可以把她转到复健科接受复健。”

“如果没有的话呢？”

“那这应该会是她最后一次住院……”

* * *

掌握露比的病情后，我每天都会花不少时间陪她，或许是因为她是我的第一位脑中风病人，我非常希望她能好转，哪怕只有一点点也好。

“露比，可以请你说‘啊’吗?”“露比，可以请你举起右手吗?”“露比，可以请你用手比出一到十吗?”

一个多星期就这样过去了，不管我和学姊多么努力，露比的状况完全没有进步。

* * *

神内实习的最后一天，我去向露比道别。学姊对她的情况感到不太乐观，除了持续观察以外，也没有其它适合的治疗方案。

“露比，今天是我实习的最后一天，我想和你说声 good bye。”

露比动了动嘴巴，还是没有任何声音。

“我看了你的病历，我知道你的生日是下个星期喔。”

露比笑了笑，握了握我的手。

“我希望在离开前为你唱一首生日快乐歌，你觉得如何？”

露比看起来很开心，点了点头。

“那我唱了喔，唱不好不可以嘲笑我！一、二、三……Happy birthday to you……Happy birthday to you……”我牵着露比的手，一个人唱了起来。我没有在病房里唱歌的经验，原本以为会很尴尬，不过开始之后觉得挺自然的。

“Happy birthday to dear 露比……来，最后一句，我们一起唱！”

我停了一下，握紧露比的手："Happy birthday……"

这时，我听到了露比奇迹般的接了下去："To me——！"

* * *

"学姊，露比最后去了哪里？"一个多月后，我在医院餐厅遇到学姊，问起露比的病情。

"我们安排她到复健病房，目前应该不用把她送去安宁病房。"

"所以说，她或许有机会出院，对吧？"

"没错！"

"学姊，我想我明白你为什么总是充满热忱了！"

"喔，说来听听？"

"在病人最无助的时候，给他们一个继续努力的希望，这不就是我们该做的事情吗？"

跨出急救的第一步

医院里最菜的是 M3 医学生，穿着短白袍（短到会露出屁股的那种外衣）。第二菜是 M4 医学生，依然是穿着短白袍。医学生毕业并且通过执照考后，可称做“医师”，穿的是一般的长白袍。

不过，这些“医师”还要再经过三到六年的“住院医师训练”，之后才可以开始执业。各科所需的训练时间都不太一样，小儿科是三年、神经科是四年、脑神经外科则是七年。住院医师训练第一年叫做 Intern（有时候又称 R1），住院医师训练第二年叫做 R2（以此类推），最后一年则叫做总医师。总医师后就是主治医师，主治医师的经验、医术、智能、体力都是超强超威，反正他们就是已经打通任督二脉，可以独当一面的强者。

医院里最辛苦的是 Intern，因为他们是菜鸟医师，所有跟病人有关的杂事都归他们处理，像是写医嘱、巡房、帮难搞的病人抽血、推病人去照 X 光片等等杂事。值班时如果碰到复杂一点的状况，会向 R2、R3 或总医师报告，如果连总医师也处理不了的话，才会向主治医师求救。

医院里地位最低的是 M3，因为 M3 医学生什么都不会，不仅动作慢而且事事还要人教，碍手碍脚，所以很多 Intern 都不喜欢身边跟着医学生。

我在内科当 M3 医学生时，遇到一位非常特别的 Intern 学姊，她除了对人十分有耐心以外，同时也是哈佛医学院加上牛津大学生物博士的毕业生。学姊智商高、能力强、为人谦虚有礼，对我来说，她是位“天才中的天才、医师中的医师”，最重要的是，学姊教了我一件课本上学不到的事。

* * *

有天晚上轮到我跟提姆值班，巡完房后我们按照惯例在值班室打屁聊天，聊到一半突然听到广播：“Code blue，code blue. 一〇三房病人心跳停止。Code blue，code blue……”

广播还未完，值班室的医师全都冲了出去，我跟提姆愣了一下，面面相觑。

小百合："一般病床 code blue……很少见耶，我们要去吗？"
提姆："不知道耶，不过感觉那边应该会聚集很多人吧！"
小百合："我们什么都不会，挤在那里不太好，对吧？"
提姆："嗯……不过，只是去看看而已，应该没关系吧！"

快步走到一〇三病房时，果不其然，病房挤满了医师和护理师，急救场面有点混乱，其他 M3 医学生则是安静地站在门口，严守着"闪开，让专业的来"的口诀，在一旁乖乖待命。我跟提姆也自然地走到其他医学生后面，伸长脖子往病房里瞧。这时候，病房里冲出了一个熟悉的身影，一把抓住我的手！

"小百合，你在发什么呆，给我进来！"

原来 Intern 学姊也在里面急救！大脑还没反应过来，我人已经在病房里了。

映入眼帘的是不省人事、没有呼吸心跳的病人，忙着上药的护理师，冷静判读心电图的主治医师，还有持续做着 CPR 的住院医师，每个人动作迅速、各司其职，只有我一个人手足无措，显得格格不入，深怕一不小心造成无法挽回的失误。

病人随时可能死去，沉重的压力逼得我快喘不过气来。

学姊："你还发什么呆！赶快给我站过来！"

学姊这么一吼，我才回过神来跑到学姊身旁。

学姊："快，随时准备接手，你来压胸。"

小百合："什么？学姊我……"

学姊："少废话，准备好，ready……一、二、三，换手！"

就这样，我在毫无准备之下，完成人生中的第一场急救。

*　*　*

学姊："怎么样？感觉如何？"

小百合："不知道……脑中一片空白。现在只觉得累爆了。"

学姊："哈哈哈，大家都是这样。不过病人能被救回来真的太好了！"

小百合："是啊，多亏有你，超酷的！"

学姊："你也很酷啊，要有勇气才能在第一线急救喔！"

小百合："唉，要不是你，我才不敢进去呢！"

学姊："你还好意思说！我跟你说，你如果一直这样怕东怕西，是学不到东西的。你看看那些站在门口的医学生，他们今天学到了什么？Nothing！什么都没学到！下次 code blue 时，我跟你打赌，他们还是不敢进来！"学姊说着说着，脸垮了下来，看起来有点生气。

小百合："你也不能这么说啦！他们也想进来帮忙，只是不知道该怎么做。"

学姊："不知道才更要进来学啊！"

小百合："可是，什么都不会，万一出错怎么办？人命关天耶！"

学姊："你是在俗辣什么！病人心跳已经停止了，情况不可能变得更糟了吧？"

小百合："……你要这样说也没错啦。"

学姊："况且，现在不管你犯什么错，都有学长姊罩你，可是以后换你当 Intern 时，谁帮你呢？缺乏实战经验的医师是派不上用场的！没勇气跨出第一步的医师，根本没资格救人！"

学姊这一番话，当真惊醒梦中人。

学姊，我向你保证！下次 code blue 时，我一定会第一个冲去帮忙，就算心里怕个半死也一样！

美国医师笑话 I

What do you call two medical students looking at an EKG?
两个医学生一起看心电图叫作什么？

A double blind study.
双盲研究。

厌食症悲歌

坐在我面前的是一名十七岁白人女孩，她打扮得时髦、亮丽，原本应该是个漂亮的女生。

为什么说“原本”？

因为，她跟其他女生不太一样。

她身高一百六十公分，体重却只有三十三公斤。她双颊凹陷，锁骨突出，脸色苍白，发量稀少，瘦到全身除了骨头外只剩薄薄的一层皮。

“你好，我是小百合。今天由我来负责询问你的病史，之后会跟主治医师报告，这样可以吗？”

“好。”她平静地说，眼神黯淡无光。

“请问你今天为什么来这里看诊？”

“我昨晚昏倒了，急诊医师把我救回来。他说我有神经性厌食症，并且建议我来这里治疗。”

“从什么时候开始的呢？”

“两年前吧，一开始是觉得自己胖，所以尝试减肥。每天只吃蔬菜、水果、色拉，其它食物一概不碰，跟一般高中女生差不多。”

“然后呢？”

“然后，一切都变了。我被男朋友甩了，我爸跟我妈闹离婚，学校课业也出了问题，人生过得一团糟，我发现我没有办法控制任何事情，好像活在漩涡中，任人摆布。直到某天，我突然发现我可以控制我的体重，这给我带来一种安定感，好像还有一些是我可以控制的。”

“所以你开始节食？”

“一开始是不吃晚餐，之后午餐也不吃了。同时我开始大量运动，每天都会跑两公里。渐渐的，我开始享受减重的过程。每次看到体重计的数字往下掉，我就会很有成就感，仿佛人生的所有问题都被解决了。我对家人和朋友也失去了兴趣，除了食物和卡路里以外的事情我都不在意，上课时都在想着等下要吃什么才不会发胖。”

“你不会饿吗？”

“当然会饿啊，我每天都想要大吃，可是我怕胖。如果忍不住吃太多，我会马上到厕所催吐。对我来说，节食是我唯一可以控制的事情，如果我连这也办不到，我想我大概会疯掉。”

“你是怎么催吐的?”

“吃完食物后用食指挖喉咙啊，不然还能怎么做?”

“可以把嘴巴张开让我检查一下吗?”

“嗯。”

仔细检查一下，嗯，牙齿被胃酸侵蚀得差不多了，变得尖尖的，有点像狗狗的牙齿。珐琅质颜色也变得暗沉、透明。口腔黏膜纤维化，腮腺肿大导致脸颊看起来不太对称。她声音沙哑，说不定声带也被胃酸灼伤了。

“你一天大概吃多少东西?”

“每天都不一样，但是绝对不会超过七百卡，有时我可以控制在五百卡内。”

“你觉得你现在的体重正常吗?”

“拜托，觉得正常的话我就不会来看病了。”

“那你有接受过治疗吗?”

“我有试过多吃一点，不过胃口缩小后变得很难进食。一看到食物我就想吐，现在就算想吃也吃不下。我觉得我快不行了，身体越来越虚弱、疲惫、忧郁，生理期也已经一年多没来了……急诊医师说这样下去我会活活饿死。”

“我知道了，我跟主治医师报告后，再跟你讨论治疗方案。”

一般人或许不清楚，神经性厌食症是一种死亡率很高的精神疾病。有 10%～20%的患者会死于营养不良、免疫系统失调、电解质失衡以及器官衰竭的并发症。恐怖的是，即使体重恢复到正常范围内，还是有 40%～70%的机率在一年内复发。

“我们要马上安排你住院，因为你的状况不太乐观。你第一天要吃至少一千两百卡的热量，之后逐日增加五百卡，直到一天能摄取四千卡为止。等你体重超过五十公斤的时候，我们会再评估你的身体状况。”

“好吧，我会努力的。”

* * *

我真的没想到吃饭竟然可以吃得这么辛苦。她每一小口食物大约要花十分钟咀嚼，十分钟吞咽，然后二十分钟干呕。这是一种病态性的干呕，身体完全不受控制，然后不断重复这个循环。

即使如此，她还是一把鼻涕一把眼泪地努力着。

“你还好吧？”这真是一种折磨。

“小百合，”女孩突然抬头看着我，“你最讨厌吃什么？”

“茄子吧，芋头也不太喜欢。”

“跟排泄物比起来呢？”

“当然是排泄物比较恶心啊！”

“你知道吗，我现在吃的每一口，都好像是在吃大便一样。”

女孩擦擦嘴。吃了一个多小时，她只勉强吃完三成食物。

“怎么办，我吃不下了……”她看了看盘中的食物，叹了口气，眼泪簌簌地落在盘子上。

“我真的不想死啊……”

开不了口

我们学校精神科对医学生的训练，除了传统的课程以外，教授还规定学生每个星期要去医院面试各种患者，而且每次的 case 都不一样。我们通常会以八到十个同学为一组，然后选其中一个同学当“student doctor”来发问，其他人则在一旁旁听、抄笔记，之后整理出一篇诊断报告供教授评分。

你想想，“student doctor”的压力有多大啊！因为这不只是你一个人的考验，而是会影响到全组，万一你问错问题，很可能会让全组同学搞错方向，最后大家一起死当。

面试的第一个病人是典型的双极性精神失调病人，他在躁郁症发作的时候入院，症状为亢奋、自以为是、情绪激动、活动力增加、思想灵活及精力充沛等，负责面试的女同学表现良好，每个同学轻松愉快地写报告。

第二个病人是精神分裂症患者，除了幻听以外，他还觉得自己是外星人派来的间谍，来美国的目的是为了救出某高级大厦里的外星人同胞，他因为行为诡异被警察发现并强制送医。病人说得口沫横飞、精神抖擞，不过言谈内容缺乏组织，常常牛头不对马嘴。碰到这种病人也挺好玩的，写报告的时候就像是在写科幻小说。

可能因为前几个病人都很好相处，大家不禁开始期待下一位病人。我们走进病房，看到一位年约四十岁的中年男子，有着很深的抬头纹。西装笔挺，散发着商务人士的气质。这次，换我担任“student doctor”。

“你好，我们是医学院的学生，我是小百合，请问方便打扰你一下吗?”

“嗯。”

“不知道主治医师有没有和你提过今天的面试课?”

“有，他有提过。你们既然来了就发问吧!”

“谢谢，今天由我一个人来面试，其他学生只会在一旁做笔记。请不用担心，你的名字、工作地点等任何可以识别出‘你’的个人数据，我们都会保密。”

“好。”西装男点了点头，面无表情。

“请问你今天为什么会来医院?”

“我是来做 ECT（电痉挛疗法）的。”

ECT？那不是电影中常看到的装备吗？印象中是先把病人全身麻醉并施打肌肉松弛剂，之后把电击器放置在头部两侧，电流通过双侧大脑颞叶达到疗效。电影里的男主角每次都演得痛苦万分，不过这其实算是误导，因为现实生活中，病人是不会痛的。

“请问你为什么要做 ECT 呢？”

“我有忧郁症。”

喔，原来是忧郁症啊！听到这个诊断之后，心中的大石算是放了下来。对菜鸟来说，诊断是最难的一步，知道答案以后，只要按照课本问一些基本问题，这个病例就算是结束了，报告包准能过关。

忧郁症主要要问的有发病时间、原因、症状、病史等，另外还要询问“自杀”的可能性。在美国，约九成的自杀者都患有忧郁症或是其它精神疾病，“如何防范自杀”便是精神科的重大课题。若在精神科门诊遇到忧郁症病患，一定要详细评估自杀风险，必要时可以强制病人住院，毕竟能救一命是一命。

找到方向后，我找机会问重点问题：“你什么时候被诊断出忧郁症的呢?”

“去年底。”

“有什么症状?”

“我每天都没精神、很累、食欲不振、失眠，任何事情都无法引起我的兴趣。”

OK，典型的忧郁症。

“请问你结婚了吗？有小孩吗?”

“结婚了，有两个小孩，一个男生八岁，一个女生五岁。我非常爱他们。”

听起来家庭和谐，看来不是家庭因素。

“请问你在哪里工作?”

“我在某知名公司上班，打拼多年最近升官当上了主任。”

“恭喜你。”

“谢谢。”

嗯，工作也顺利，他的人生听起来一帆风顺，我有点不明白忧郁症的肇因。

“你跟家人的互动如何?”

“以前很好，不过发病之后，我现在已搬出去一个人住。”

“为什么？家人的支持是病情康复相当重要的一环啊!”

“我知道，不过这是我自己的选择，是个很痛苦的决定。”

把自己孤立起来不是件好事，说不定他有其它苦衷，看来我得多问问其它问题。

“家人有忧郁症或是其它精神疾病的病史吗?”

“我哥，他去年被诊断出亨丁顿舞蹈症（Huntington's disease）。”

“亨丁顿舞蹈症？是那个基因疾病吗?”

“嗯……”

亨丁顿舞蹈症是一种遗传所造成的脑部退化疾病，病发时病人会无法控制身体，四肢会不由自主晃动，就像手舞足蹈一样，所以又称“舞蹈症”。患者会慢慢失去智能及运动能力，最后因吞咽、呼吸困难等原因而死亡。

亨丁顿舞蹈症是常染色体显性遗传，简单来说，患者有 50% 的机会遗传疾病给下一代。病理是第四对染色体里面的 HTT gene 之中的 CAG 重复数量。正常人 CAG 总量“小于二十六”，可是如果 CAG 总量“大于四十”的话，发病率基本上是百分之百。亨丁顿舞蹈症目前无药可治，药物仅能减缓，可是无法中止脑部的退化。亨丁顿舞蹈症还有一个特殊的特征，在基因医学中称为“预期现象”（Anticipation），也就是下一代会比这一代更早出现疾病症状，病征往往也会更严重。

“请问你有去做亨丁顿舞蹈症的基因测试吗？”

“嗯，我的 CAG 总量是四十五……”

接下来又一阵沉默。

我发现我无法开口继续发问，因为我完全明白他的想法。在人生巅峰突然被告知患有不治之症，除了无奈以外还能怎么办呢？每天活在发病的恐惧中，也担心病情会拖垮深爱的家人，他应该就是因为这样才搬出去一个人住吧！

“你觉得你的忧郁症跟亨丁顿舞蹈症的诊断有关吗？”

“我想是的。”

“一个人住还适应吗？家人的支持对许多病患来说是无比重要的。”

“我做不到，我无法面对我的孩子，一想到他们有可能患相同的疾病，我就快崩溃了。我也无法面对我太太，原来我没办法带给她幸福。”

他说完就把脸埋进双手：“我真的不明白，为什么是我？”

我拼命地想说些安慰的话，可是一句话都挤不出来，因为我实在没办法随口说两句空话鼓励他。对我来说，听起来只会像是嘲弄。这时，在一旁的教授清了清喉咙，暗示面试时间到了，要我赶紧问重点问题。我想了一下，走到他面前，给了他一个拥抱。

* * *

“小百合，你没有问他自杀的问题耶？”写报告时，同学转过头来问我。

“我知道。”

“知道你还不问？”

“因为……我开不了口。”

原来，在现实生活里，有些问题是如此难以启齿。

原来，遇到绝症患者，我并不是每次都可以保持专业。

医学这条路不仅需要无比的智慧，还需要一颗体贴病人的心。

美国医师笑话Ⅱ

How do you hide a $100 dollar bill from a general surgeon?
你要如何从一般外科医师那里把100元钞票藏起来?

Just put it in the patient's notes.
放在病人的病历里就好了。

How do you hide a $100 dollar bill from an orthopedic surgeon?
你要如何从骨科医师那里把100元钞票藏起来?

Just put it in a textbook.
放在医学课本里面就好了。

How do you hide a $100 bill from a neuro-surgeon?
你要如何从神经外科医师那里把100元钞票藏起?

Just paste it to his kid's forehead. He will never see it.
粘在他小孩的额头上。他绝对不会发现的。

How do you hide a $100 from an internist?
你要如何从内科医师那里把 100 元钞票藏起？

Easy, just put it under a dressing.
很简单，放在绷带下。

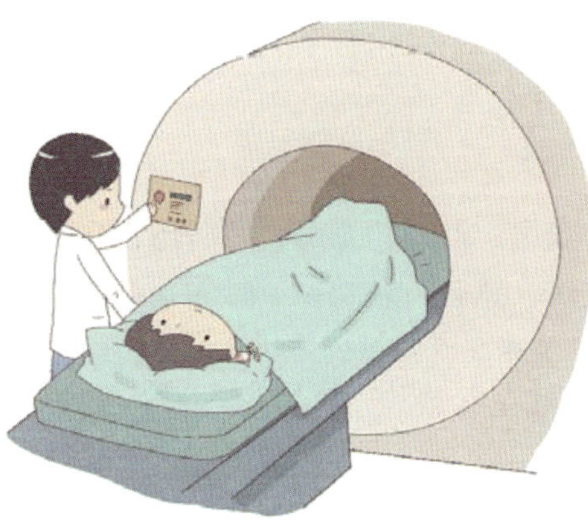

How do you hide a $100 from a radiologist?
你要如何从放射科医师那里把 100 元钞票藏起？

Put it on the patient.
放在病人身上。

How do you hide a $100 dollar bill from a plastic surgeon?
你要如何从整形医师那里把 100 元钞票藏起？

It's a trick question, You can't.
不好意思，办不到！

他们，让我想起当初的自己

这个月只能用两个字总结：好累。

外科真不是人干的！每天查房、开刀、查房、写病历、查房、做报告、查房、抽血、查房、急救、查房……时间永远不够，睡眠永远不足。而且我还是医学生，每天除了上述的例行事务之外，还要挤出时间准备医师国考。

今天是万圣节，教授决定放我们一马，让我们去其它专科“观摩学习”，看完手术之后就可以自修，下午五点准时放我们回家。碰到这种难得的机会，大家约好今晚一同狂欢，给自己放个假。

* * *

早上跟肯恩一起被分到肝胆外科实习，跟了几台大刀，看到传说中的“神医”执刀，获益良多。

下午两点左右，手术结束，我和肯恩分别找了一个安静的角落读书。才开始 K 书没多久，手机传来简讯：“你现在有空吧？六楼病床这里很忙，立刻过来。”

我看了肯恩一眼，他好像没有收到简讯。我不知道是谁传给我的，只好赶紧放下手边的教科书准备冲到六楼。

才刚动身，简讯又来了：“我是实习医生曼哈，三〇二床的病人要照计算机断层扫描，帮我搞定。”

实习医生（Intern）是医学院刚毕业的菜鸟医师，虽然有医师执照，不过基本上跟医学生差不多（尤其在这个时间点，他们才刚毕业没几个月）。我们医院有个不成文的规定，R3 以上负责教医学生，R2 负责带 R1，Intern 负责处理大大小小的杂事。因为医学生在医院的工作是“学习”，所以平常没时间教学的 Intern 不太会管到医学生。R3 分配工作的时候也会特别把“有趣”的 case 排给医学生，毕竟学生本来就应该多学习，没有“教学意义”的工作通常会丢给 Intern。

所以，当我听到曼哈对我提出这要求时，感到有点惊讶。Intern 要分配工作给医学生不是不可以，不过要求医学生把病人推去照计算机断层扫描，是很少见的。

花了半小时（放射科很远）做完曼哈交代的工作后，简讯又来了："去三楼看柯尔先生，然后写住院报告。""去七楼帮一二〇床的病人拔尿管。""有空顺便让五楼的波恩女士下床走走。""帮我跟负责一四四床的护理师确认一下医嘱。"

一连串的命令让我忙得晕头转向，奇怪的是，这段期间我完全没见到曼哈，他没有教我任何东西，只是不断丢给我一堆杂事，就像是曼哈把自己不想做的烦人工作全都丢给我一样。

我明明是被分配来"观摩学习"的，这些病人我从来都没接触过。为什么不能让我去开刀房观摩其它手术，或是让我自修呢？

一看表，晚上七点多了，看来没办法参加派对了。叹了一口气，简讯又来了："四楼的病人四小时前开完刀，去做个理学检查，顺便写住院报告。"

过分！

这个病人是你负责的，术前评估是你做的，刀也是你的小组开的！我完全没见过他，以后也不会照顾他，为什么要我帮你写这些东西？我无奈地翻出病历，下楼去看病人。

做完检查后，病人突然对我说：“你以后会是个好医师。”

“啊，为什么？”

“你对病人非常有耐心，检查也非常仔细，不像其他医师问两句话就走了。你的态度让我很放心……”

“啊！我只是个学生啦，不像其他实习医生那么忙。”

“我能感觉到你有仔细读过我的病历，你问的问题非常到位，病情也解释得非常清楚，希望你可以继续保持下去。”

“谢谢！”

“我知道你是学生，大家都想出去玩，而你却愿意留下来跟我说话，我很开心。”

* * *

写完病历报告后，时间已经快九点了，我一个人走到餐厅吃晚餐。餐厅客人几乎都是小朋友，有人扮演僵尸，有人扮吸血鬼，还有人扮奥巴马……每个人手上拿着一桶糖果，开心地笑着。

排队取餐的时候，一个小女孩无预警地抓住我的白袍，对我问了一个问题：“如果你现在可以去一个地方，做一件事，你想做什么？”

我愣了一下，不禁张望寻找她的爸妈，她的爸妈随即出现，把小女孩拉回身边，并且不断向我道歉。此时，我脑中有个声音不断重复着小女孩的问题：“如果我可以做一件事，我想做什么？……”

我想早点回家睡觉。

我想去派对。

我想狠狠揍曼哈一拳。

我想环游世界。

我想提早退休。

我看了看小女孩，摆出专业的微笑：“我不知道耶，你呢？”

小女孩天真地回答：“我要像你一样，在一间很大很大的医院里当医师。我要对抗很多很多的疾病，治愈很多很多的病人！”

* * *

我拿起手机传简讯给曼哈：“学长，还有什么是我可以帮忙的?”

我究竟是在什么时候改变的呢？当初的我，跟现在的我是否有所不同？在这个繁忙的万圣节，我要谢谢今天晚上的病人，还有那位小女孩。

因为他们，让我想起了当初的自己。

图书在版编目（CIP）数据

小百合医生，每天都要坚强啊！ / 小百合著.
—— 长沙：湖南文艺出版社，2018.2

ISBN 978－7－5404－8017－2

Ⅰ. ①小… Ⅱ. ①小… Ⅲ. ①随笔－作品集－中国－当代
Ⅳ. ①I267.1

中国版本图书馆 CIP 数据核字（2017）第 075928 号

著作权合同图字 18－2017－008

项目合作：锐拓传媒 copyright@rightol.com

小百合医生，每天都要坚强啊！
XIAOBAIHE YISHENG，MEITIAN DOUYAO JIANQIANG A!

著　　者：小百合
出 版 人：曾赛丰
责任编辑：陈新文　徐小芳
封面设计：韩　捷
内文版式：刘晓霞　杨进宝　刘　芳
出版发行：湖南文艺出版社
（长沙市雨花区东二环一段 508 号　邮编：410014）
网　　址：www.hnwy.net
印　　刷：长沙超峰印刷有限公司
经　　销：新华书店
开　　本：880×1230　1/32
字　　数：178 千字
印　　张：9
版　　次：2018 年 2 月第 1 版
印　　次：2018 年 2 月第 1 次印刷
书　　号：ISBN 978－7－5404－8017－2
定　　价：39.80 元
（若有质量问题，请直接与本社出版科联系调换）